《岭南文化书系》编委会名单

岭南文化书系
广府文化丛书

珠玑南迁

仲红卫 著

暨南大学出版社
JINAN UNIVERSITY PRESS

中国·广州

图书在版编目（CIP）数据

珠玑南迁/仲红卫著. —广州：暨南大学出版社，2011.8
（岭南文化书系·广府文化丛书）
ISBN 978 – 7 – 81135 – 832 – 2

Ⅰ.①珠…　Ⅱ.①仲…　Ⅲ.①民族历史—研究—南雄市　②移民—历史—研究—南雄市　Ⅳ.①K820.654　②D69

中国版本图书馆 CIP 数据核字（2011）第 075558 号

出版发行：暨南大学出版社

出　版　人：徐义雄
责任编辑：崔军亚　薛永胜
责任校对：林丽旋

地　　　址：中国广州暨南大学
电　　　话：总编室（8620）85221601
　　　　　　营销部（8620）85225284　85228291　85228292（邮购）
传　　　真：（8620）85221583（办公室）　85223774（营销部）
邮　　　编：510630
网　　　址：http：//www. jnupress. com　http：//press. jnu. edu. cn

排　　　版：广州市天河星辰文化发展部照排中心
印　　　刷：深圳市新联美术印刷有限公司

开　　　本：787mm×1092mm　1/16
印　　　张：10.75
字　　　数：166 千
版　　　次：2011 年 8 月第 1 版
印　　　次：2011 年 8 月第 1 次

定　　　价：48.00 元

岭南文化书系·前言

　　五岭以南，素称岭南，岭南文化即岭南地区的人民千百年来形成的具有鲜明特色和绵长传统的地域文化，是中华文化的重要组成部分。由于偏处一隅，岭南文化在秦汉以前基本上处于自我发展的阶段，秦汉以后与中原文化的交流日益频繁。明清以至近代，域外文化不断传入，西学东渐，岭南已经成为传播和弘扬东西方文明的开路先锋，涌现出了如陈白沙、梁廷枏、黄遵宪、康有为、梁启超、孙中山等一大批时代的佼佼者。在 20 世纪 70 年代末开始的改革开放的浪潮中，岭南再一次成为试验田和桥头堡，在全国独领风骚。

　　在漫长的发展过程中，岭南文化形成了兼容、务实、开放、创新等诸多特征，为古老的中华文化的丰富和重构提供了多样态的个性元素和充沛的生命能量。就地域而言，岭南文化大体分为广东文化、桂系文化、海南文化三大板块，而以属于广东文化的广府文化、潮汕文化、客家文化为核心和主体。为了响应广东省委、省政府建设文化大省的号召，总结岭南文化的优良传统，促进岭南文化研究和传播的繁荣，在广东省委宣传部的指导和大力支持下，暨南大学出版社组织省内高等院校和科研机构的专家学者编写了这套《岭南文化书系》，该书系由《广府文化丛书》、《潮汕文化丛书》及《客家文化丛书》三大丛书共 30 种读本组成，历史胜迹、民居建筑、地方先贤、方言词曲、工艺美术、饮食风尚无所不有，试图从地域分类的角度完整展现岭南文化的风貌和精髓。在编写过程中，我们力图做到阐述对象的个性与共性相统一，学术性与通俗性相结合，图文并茂，雅俗共赏。我们希望这30种图书能够成为介绍和宣传岭南文化的名片，为岭南经济和文化建设的再次腾飞提供可资借鉴的精神资源。

需要说明的是，本书系曾获批为2009年度"广东省文化产业发展专项资金"资助项目，在项目申报和丛书编写过程中，广东省委宣传部的领导多次给予指导，并提出了许多宝贵的意见；中山大学、华南理工大学、华南师范大学、广州大学、韩山师范学院、佛山科学技术学院、韶关学院、嘉应学院以及暨南大学的有关领导和专家学者也给予了大力支持和帮助，在此我们一并致以诚挚的谢意！

《岭南文化书系》编委会

2011 年 6 月 18 日

前　言

　　1957 年广东省中山图书馆油印了一本题名为《珠玑巷民族南迁记》的小册子，作者署名为黄慈博。黄先生名佛颐，广东中山人，生于 1885 年，卒于 1946 年，曾于宣统元年拔贡，辛亥革命后在广州以授徒为生，后避难香港。《珠玑巷民族南迁记》还只能说是一部有关南雄珠玑巷与珠三角广府人家源流的资料集，而不是一部成熟的学术著作，在油印前后相当长一段时间内也没有引起人们的注意。1982 年，暨南大学历史系陈乐素教授以中山图书馆的这本油印小册子为基础，对有关珠玑巷人南迁的历史进行了若干考辨。这是学术界第一次认真研究有关珠玑巷人的南迁问题。可惜的是，陈先生的研究没有持续，依然没有引起更多学者的关注。

　　关于珠玑巷人南迁在广府民系形成乃至整个中国移民史中的地位问题，直到 20 世纪 90 年代以后才逐渐引起学界的注意。促成这一重大变化的原因有三个：一是当时已经轰轰烈烈开展的"文化搭台，经济唱戏"的社会大背景，使当地政府开始意识到珠玑巷作为一种宝贵的文化资源所具有的潜在招商价值。二是广东省人民政府参事、中山大学黄伟宗教授的研究与宣介。黄教授 1993 年到南雄考察，敏锐地发现了珠玑巷的文化意义，随即向有关部门和人士进行了大力的宣介，直接促进了有关组织的建立和研究的开展。三是前广州市长黎子流先生和已逝香港著名爱国商人霍英东先生的大力推动。黎先生本是珠玑移民的后裔，1993 年曾与霍先生一起到珠玑巷考察，在听了当地有关部门的汇报后，他们非常重视，不但带头捐款，而且开始积极筹办"南雄珠玑巷人南迁后裔联谊会"。1995 年联谊会成立，黎子流先生担任第一任会长，会址设在南雄市政协内。联谊会除了在珠三角，而且

在香港、澳门、新加坡、印度尼西亚、马来西亚、泰国乃至美国、加拿大等珠玑后裔集中的地方开展了许多迅速而卓有成效的活动，联系了数以万计的珠玑巷南迁后裔，掀起了一股广府人到珠玑巷寻根问祖的热潮。借着这股东风，联谊会很快筹到了不少资金，这对推动有关珠玑巷移民问题的研究起到了十分关键的作用。

从1993年到2000年，"南雄珠玑巷人南迁后裔联谊会"编辑出版了"珠玑巷丛书"十卷，其中包括了《南雄珠玑巷南迁氏族谱、志选集》、《南雄珠玑巷人南迁史话》、《南雄珠玑巷移民的历史与文化》等。这些书籍的出版，不但使已有的研究重新焕发出光彩，而且标志着珠玑文化研究开始进入了一个新的阶段。从此以后，有关珠玑巷和珠玑人民南迁的研究引起了越来越多人的关注，珠玑巷作为广府人民"故乡"的地位获得了普遍的认可。2006年，中央电视台摄制的6集专题片《千年珠玑》在海内外播放，在珠三角、港澳地区和海外华人中引起巨大的反响，将珠玑文化研究又推向了一个新的高峰。

我个人的意见，研究珠玑移民南迁要分清和把握好两个"真实"的关系：一是历史的真实。在中国历史上，至迟从战国开始，就有北方人民（按广东人的普遍观念，其实是指两广以北地区的人民）开始陆续南下。期间移民人数较多、时间较为集中的，有秦始皇和汉武帝时期为了平定南越的两次军事移民，晋室南渡时部分移民入粤，以及宋室南迁和宋室将亡时的两次大规模移民。在这几次大的移民浪潮中，有许多人越过大庾岭或者辗转他地迁到了以南雄为代表的粤北，经过或长或短的定居生活后，再由粤北迁至珠三角一带垦殖。这是历史上确实曾经发生过的事实，但是因为资料不足，我们今天只能知道这一历史情况的概貌，许多细节都已经无法还原了。二是以上述历史真实为基础、混合着民间想象和民间记忆的文化真实。从明代开始，珠三角许许多多人家的家谱、族谱都开始说自己的祖先来自珠玑巷，明以后的地方志在撰写时也吸收了这些家谱和族谱中的说法。事实上，这些家谱、族谱在叙述祖先故事时多有想象、虚构和附会之处，属于典型的民间叙事。如果从历史的角度看，这些族谱、家谱中的许多故事——尤其是始迁祖以前关于本族源流的叙述——大多都是不可信的；但从另一个角度看，则其恰好反映了民间在建构历史时的特点，所谓文化的凝聚力也正赖此而来。珠玑巷作为广府人公认之故乡的逐渐"圣地化"，就是这一持久、普遍的民间文化建构的结果，而这一建构至今仍在进行之中。一边是历史的真实，一边是文化的真实，究竟哪一个更重要呢？我认为两个都重要。没有历史的真实，我们无法摸索到历史的本来面目；但是没有文化的真实，人民之间不仅会少了许多温情，更重要的是会少了将他们的心扭结在一起的"根"。正是考虑到这一点，同时出于可读性的需要，本书在写作时，以不同族谱资料为基础，抽绎、叙述了其中的一些故事情节——当然，在需要的时候也做了适当的说明或者考辨。

目　录

岭南文化书系

珠玑南迁

一、岭南初辟

中华民族的发展史，同时也是中国境内各兄弟民族之间的交往史。这种交往，在一些时期是以和平友好的方式进行的；但在另一些时期则是以冲突、战争、征服与反征服的方式进行的。不管采取何种方式，在太平洋漫长的东岸，西北到帕米尔高原的东部，西南到喜马拉雅山和横断山脉，东南到辽阔的南海，东北到黑龙江东部，正北至蒙古大草原的这一片辽阔而又相对封闭的土地上，最终形成了中华民族这一脉相承的伟大的文化共同体。

求生存、求发展，是一个人的发展动力，更是一个民族的发展动力。这种动力仿佛是身体内不断延伸的血脉，在近万年的时间里，将中国境内的各民族逐渐连接起来。

（一）华夏的雏形

早在数百万年前，中国境内就有人类居住。考古学者发现的属于旧石器时代早期的文化遗存，有距今 180 万年的山西芮城西侯度文化遗址，有距今 170 万年的云南元谋上那蚌元谋人遗址，还有距今 100多万年的河北原阳小长梁遗址和东谷坨遗址。到了旧石器时代中期，中国境内的早期人类遗存已经有几十处之多，其分布范围，除了位于黄河中下游地区的大荔人（今陕西大荔）、许家窑人（今山西阳高）和丁村人（今山西襄汾）外，北至辽宁营口有金牛山人，南至广东曲江有马坝人。这些早期的人类，因为高山与大河的阻隔，基本上处于各自独立的发展状态。他们发展的脚步不一致，相互之间很少建立起密切的联系。但是，经过了几十万年的繁衍生息之后，随着群体数量的增加和活动范围的不断扩大，不同群体之间必然会或迟或早地联系起来。

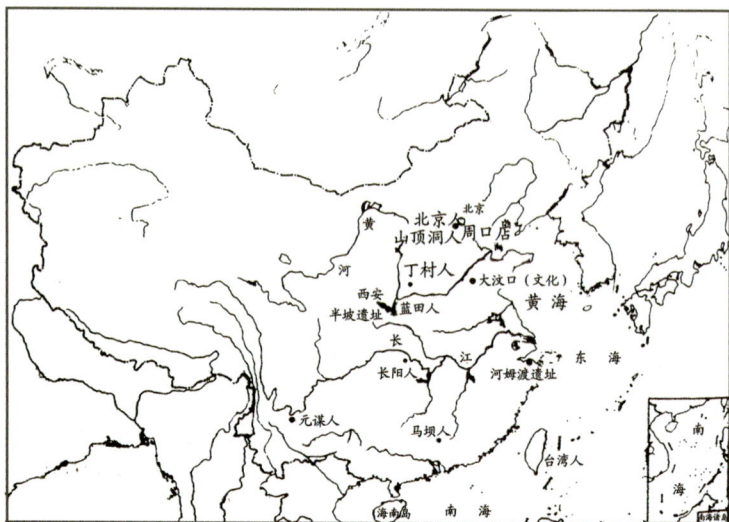

原始社会遗址分布图

较早发展起来的，是生活在黄河中游黄土高原地区的一些人类群体。在5 000多年前，他们进入了父系氏族社会，并逐渐形成了部落和部落联盟，开始向文明时代过渡。这些部落中，以传说中的炎帝和黄帝最为有名。据说炎帝又叫做烈山氏，是生活在渭水流域的姜姓氏族的首领。他最早教会他的人民使用耒和耜，最早制定了历法，最早学会辨别土壤的性质，最早设立了集市交易的制度。此外，他还遍尝百草，又制作了五弦琴和七弦琴，是医学和音乐的创始人。

在炎帝氏族衰落的时候，出于同一血缘的黄帝氏族崛起了。在一次名叫阪泉之役的战斗中，黄帝击败了炎帝，接着又击败了一个名叫九黎的异姓部落，擒杀了他的首领蚩尤。黄帝部落成为黄河流域的部落盟主，黄帝被后来的文献称为"天子"。在黄帝时代，人们开始驯养和使用牛马，发明了车船，学会了打井和养蚕缫丝，也开始使用青铜武器。除了物质文明的进步外，文化也有了极大的发展。大约在这一时期，人们发明了文字，进一步完善了历法，其他各种艺术如音乐、美术等也由于宗教的原因发展起来。特别值得提出的，还有冠冕衣裳的发明，以及初步的政治和社会制度的设置。总之，中国史前社会的发展在黄帝时期取得了伟大的成就。

黄帝以后，又经过了颛顼、帝喾、唐尧、虞舜和夏禹几代的发展，

以渭水、洛水为中心的黄河中游地区逐渐完成了从氏族部落联盟向氏族国家的转变。

4 000多年前，在今天东起豫东平原，西至陕西华山，北至河南济水，南到皖北淮水的区域内，黄帝部族中颛顼一支的后裔——以夏后氏为首的夏部落联盟，建立了中国历史上的第一个朝代——夏。"夏"，按许慎《说文解字》的解释，是"中国之人也"，"中国"就是中原，所以"夏"就是中原之部族。又因为夏的都城在阳城，即今天河南嵩山附近，而嵩山古代又称作"华"，所以夏族也被称为华夏。

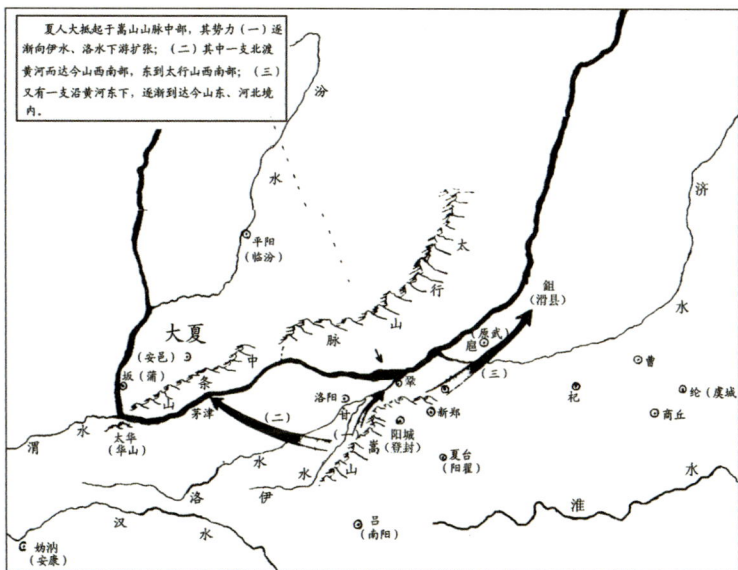

夏的活动区域

夏成立400多年以后，社会内部的矛盾逐渐尖锐起来。夏桀即位后，不但穷兵黩武，发兵攻打其他部族，而且大肆挥霍享受，引起了人民的普遍不满。当夏族走向衰落的时候，部落联盟中的另外一支，位于夏族东部的商族逐渐强大起来。商族据说是帝喾的后裔，其祖先叫契，因为曾经协助禹治水，被封于商（今河南商丘南），于是以商作为族称。从契到汤，商族在经历了14世共8次的迁移之后，最终来到了亳（今山东曹县），并逐渐壮大起来。商汤首先灭了亳附近的葛，接着又灭了韦（今河南滑县）、顾（今河南范县）、昆吾（今河南濮阳西南）等部族，最后灭掉了夏，建立了一个以中原地区为中心，东至海滨，西到今陕西，北到今河北，南达今湖北的新王朝——商。

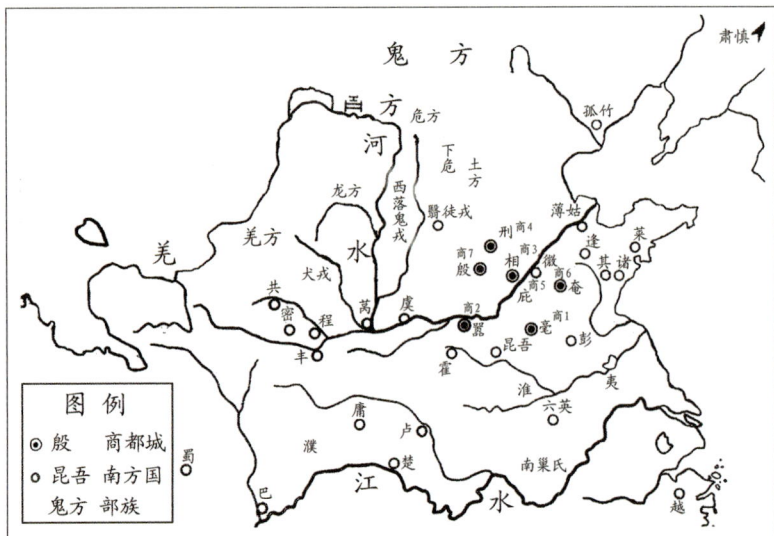

商的势力范围

　　商建国的前期，还有过几次迁都，到了盘庚的时候，迁到了殷，也就是今天河南安阳一带，从此稳定下来。这时距离商汤已经有300年左右了。商的文明较夏又有了极大的发展，尤其是青铜器的制造有了长足的进步。但是，在祖甲之后，几代商王都穷奢极欲，尤其是帝辛（名纣）即位后，由于统治极其暴虐，商族不仅和其他各臣服部族的矛盾开始激化，商族内部的矛盾也开始尖锐起来。当商族开始衰落的时候，活动在周原（今陕西岐山、扶风一带）的周族日益强大起来。周据说也是帝喾的后裔，其始祖名稷。当不窋做首领的时候，因为和夏族发生了矛盾，就率领周人来到了今天甘肃东部庆阳一带，当时，这里属于落后的戎狄地区。不窋以后，鞠做了周人的首领；鞠以后，公刘又做了首领。公刘带着周人来到了豳（今陕西旬邑、彬县一带），并定居下来，整修土地、修筑茅舍，周族逐渐得到了发展。公刘以后，又过了300余年，到了古公亶父做首领时，因为受到北方戎狄的逼迫，又一次举族迁徙到了周原。迁到周原以后，周逐渐强大起来，并与商建立了联姻关系。

　　周人的首领季历臣服于商，又娶了商族的女儿为妻，但即使如此，还是遭到了商的讨伐。季历以后，文王即位，周的力量进一步强大起来，文王被商封为西伯。文王死后，他的儿子武王即位，终于发动了对殷商的战争，建立了周。周的统治区域，以今陕西关中平原为中心，西起今甘肃东部，东达海滨，北至今辽宁，南至长江，基本囊括了今天的黄河中下游地区和长江中下游部分地区，其疆域是三个朝代中最大的。

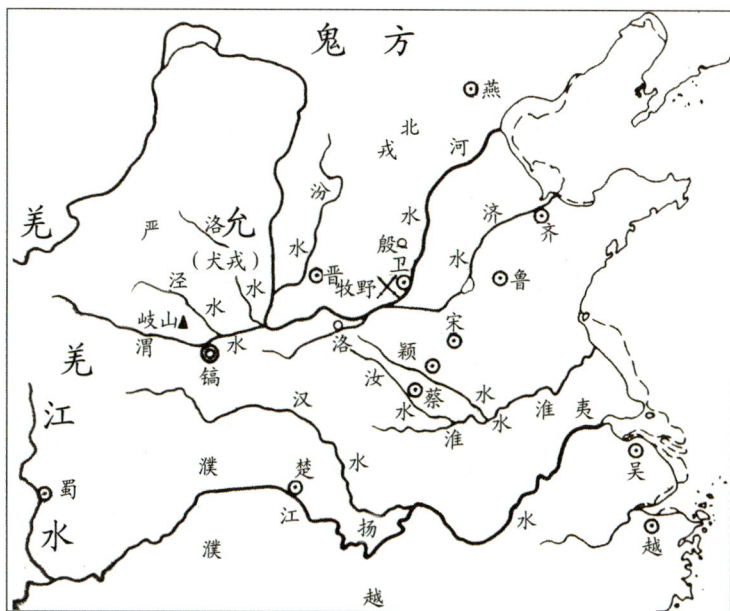

周的疆域

夏、商、周三族都是古老的部族，他们不断迁徙求生存的踪迹差不多遍布整个黄河中下游地区，其时间前后长达千年左右。这三族的活动，是中国境内各部族互相融合的开端，奠定了中华文明的基础。三族先后兴起，相继建立了夏朝、商朝和周朝。这三个朝代之间的更替，不是后一个消灭前一个，而是后一个代替前一个成为各部族的共主。在后一个部族成为共主后，已失掉共主地位的前一个部族仍然存在，只是成为后者的臣服者而已。三族之间的关系，有联合和归附，也有冲突和征服。后起的周族的先祖，曾经担任过夏的农官，又曾为商的方伯。商建国后，夏成为商的诸侯，仍然存在和发展；西周建国后，夏、商二族成为周的诸侯，也仍然存在和发展。三族之间的联合和归附促进了民族融合，三族之间的冲突和征服也促进了民族融合。融合的结果，是西周末年形成了华夏族。华夏族形成的这种模式，在以后的上千年时间里连续不断地发生，形成了汉族，并最终形成了中华民族。

（二）华夏与百越

在黄河流域的华夏各部族不断融合、发展的时候，它和周围各部族的关系同时也在不断发展。其中的一支，就是被称为"百越"的南方氏族。

从很早的时候起，中国的南方就有人类生存。1958 年，在广东韶关曲江马坝镇，发现了一具距今约 12 万年的不完整的人类头骨，这是迄今为止在广东境内发现的最早的人类，学者们将其命名为"马坝人"。1972 年，在马坝人出土地点的两山之间，又发现了距今 4 000 多年的新石器时代的文物遗址，学者们称其为"石峡文化"。马坝人和石峡文化的发现，说明从远古以来，在粤北美丽的山水间就有人类繁衍不息。他们就是以后百越的祖先。

韶关马坝人遗址

和中原的华夏族相比，南方的百越民族有很多不同的地方：他们不像华夏族那样吃熟食，而是吃不经烹饪的生食；他们也不像华夏族那样将头发盘起来用发簪别住，而是将头发披散下来，太长了就从中间割断；他们坐的时候不是曲着腿，而是盘起腿；他们还在身上或者额头上纹上图案。总之，一切的文化习俗都带着原始部落的痕迹，和已经讲究等级制度和吃饭穿衣、有了礼乐文字的华夏族大为不同。于是，和东方落后的部落民被称作"夷"，西方落后的部落民被称作"戎"，北方落后的部落民被称为"狄"一样，他们被华夏族称作"蛮"。这些称呼，说明了正在发展着的华夏族对周边民族的了解和认识，更说明了华夏族已经与这些周边民族建立起了实际的交往关系。

史书上所记载的华夏族和岭南百越的交往，大概开始于尧舜时期。据说，当唐尧在位的时候，也许是因为气候变暖的原因，中原地

区洪水泛滥，"荡荡怀山襄陵"（《尚书·尧典》），很多年都不退却。这是鱼鳖猛兽恣肆横行的时候，生活在高处的人民尚可以掘穴而居，生活在低处的人民就只能在树上架巢居住，人民的生活可谓困苦极了。唐尧于是指派了一个名叫鲧的人来治水，鲧为了用土堵住水，不惜偷来了上帝的"息壤"，这是一种可以不断生长的土壤。可是，仍然没有用。鲧堵了这里，那里又决开了；堵了那里，这里又决开了。鲧日夜奔波，九年过去了，洪水依然不减，人民依然生活在水深火热之中。这时候舜代替了尧做天子，于是派人将鲧杀死在一个叫羽山的地方。

鲧死了，舜又用了他的儿子禹来治水。禹改变了鲧的策略，他不再用土去堵洪水，而是开挖河渠，引导水流到大河之中，再由大河注入大海。这个方法很有效果，经过 13 年的千辛万苦之后，水患终于平定了。按照《吕氏春秋》的说法，为了勘察河道，禹靠着两条腿，凭着不屈不挠的意志，向东走到了海边，向西走到了三危之国，向北走到了犬戎国，向南走到了羽人裸民之乡。这样，当治水告成的时候，国家的范围也同时大大地扩张了，"方五千里，至于荒服。南抚交趾、北发；西戎、析枝、渠庾、氐羌；北山戎、发、息慎；东长、鸟夷"（司马迁：《史记·五帝本纪》）。交趾，按

汉画像石大禹治水图

照一般的理解，就是指南方的百越民族。之所以叫做交趾，目前还没有确切的解释。有一种观点认为可能是由于长期的劳作，以及气候湿热的缘故，这里人民的腿普遍都有些罗圈，所以叫做交趾，但这也只是猜测而已。

（三）舜帝与韶关

"南抚交趾"，只是说舜帝时中原政权的影响力已经到了岭南。那么舜本人有没有到过岭南呢？就现存的文献来看，唐以前似乎还没有人这样认为。到了隋唐以后，就有人认为舜南巡的时候，已经越过五岭，到过了今天粤北的韶关。韶关，隋代叫做韶州。韶字的来历，据

唐初梁载言的《十道志》和后来的《元和郡县志》所言，取自韶关境内曲江县两块名叫韶石的小山。这两座小山，是两块高约百米、色如渥丹的巨石，两石相对，仿佛是古代宫门前的双阙，至今还矗立在曲江边上。而韶石的得名，人们又认为是因

韶石双阙

为韶乐。北宋成书的《太平御览》、《元丰九域志》、《太平寰宇记》都说，当年舜帝曾经登上韶石山，并在这里演奏了后来被孔子称作尽善尽美的韶乐。许多著名的文人，似乎也相信这座小巧美丽的红色小山，就是当年舜演奏韶乐的地方。《全唐诗》里有一首韩愈的《量移袁州酬张韶州先寄诗贺》（或作《量移袁州张韶州先诗见贺因酬之》），是韩愈从潮州被量移袁州时路经韶石山写的：

明时远逐事何如，遇赦移官罪未除。
北望诇令随塞雁，南迁才免葬江鱼。
将经贵郡烦留客，先惠高文谢起予。
暂欲系船韶石下，上宾虞舜整冠裾。

据说在唐时，韶石山上还建有舜庙，所以满腹牢愁的韩愈才要上去恭恭敬敬地祭拜。

另一位在韶石山留下笔墨的著名文人是苏轼。苏轼因为乌台诗案，被贬谪到海南，他一路从汴京迤逦行来，渡大江、过郁孤台、越大庾岭，到了韶州府，晚上住在建封寺。也许是闲聊中知道了韶石山就在附近，所以第二天的拂晓，就登上尽善亭远眺韶石。亭名尽善，明显是取自孔子对韶乐的称赞。苏轼的诗集中留下了三首诗，是对这次远望韶石的纪念：

苏轼像

其一

双阙浮空照短亭，至今猿鸟啸青荧。

君王自此西巡狩，再使鱼龙舞洞庭。

其二

蜀人文赋楚人辞，尧在崇山舜九疑。

圣主若非真得道，南来万里亦何为。

其三

岭海东南月窟西，功成天已锡玄圭。

此方定是神仙宅，禹亦东来隐会稽。

诗里面说的"双阙"，就是韶石山；"君王"、"圣主"，都是指舜。苏轼是乐天派，虽然被贬谪了，但他还会为自己找快乐的理由。他觉得这里是得道的圣主舜都来的地方，那一定是神仙宅了，所以自己南来一点儿都不吃亏。后来，他和朋友同游白水山，还提到了自己在韶州的旅游经历，说自己"首参虞舜款韶石，次谒六祖登南华"（《次韵正辅同游白水山》），可见记忆之深了。

舜在韶石山奏乐的故事，毕竟只是传说。到了商周时期，岭南和中原的交往，不仅有了文献的记载，而且可以找到考古上的佐证了。据《逸周书》所说，伊尹做了商的相之后，就向四方部落下令，让他们向商王进贡。其中南方诸国，要进贡的东西包括珠玑、玳瑁、象齿、文犀、翠羽、菌鹤等。这里的玳瑁，只有大海里才会有。这说明当时商王的影响，也许已经远至南海。新中国成立后，在广东的信宜、曲江马坝、佛冈石角等地陆续出土了不少西周时候的铜蚕、铜铙，其形制与中原或江南楚赣一带出土的十分相似，这种情况似乎不应被看作是偶然的。

（四）楚与五羊城

公元前1026年左右，中国历史上发生了一件大事。这一年，周武王兴兵伐商，第二年就攻到了商都之外的牧野。商纣王发兵迎击，两军在牧野对垒，商军大败。纣王在新建的鹿台，将缀满了珠玉的衣服披在身上，自焚而死。商灭亡了。

西周初立，为了巩固政权，将很多姬姓同室和信得过的功臣分封为诸侯，以"藩屏周室"，中国历史上的封建制度就这样建立起来。可惜武王克商才一年就死了，年幼的成王即位，武王的弟弟周公旦主动来辅政，实际上是代替成王执掌了周的权力。这是个权力交替的关键时期，周公旦的举动太大胆了，不能不引起别人的猜测。武王的另外两个弟弟，一个是封在管地的叔鲜，一个是封在蔡地的叔度，首先起了疑心。两个人联起手来，又勾结上纣王之子武庚，群起叛乱。周公旦出兵讨伐，整整打了三年，才平息了战火（史称"周公东征"）。

周政权稳固了，接下来当然是分封有功之臣。这时，远在长江流域的一个部族开始走上了历史舞台，这就是楚。据说楚的先祖出自颛顼，所以也是黄帝的后裔。帝喾的时候，楚的先祖重黎担任火正之职，被帝喾封为祝融。共工氏作乱，帝喾派重黎征讨，重黎没有完成任务，"诛之而不尽"，所以被帝喾杀了。帝喾杀了重黎，又启用了他的弟弟吴回。周文王的时候，吴回的后代子孙中，有一个叫鬻熊的，曾经为文王工作。成王执政，因为管蔡之乱的教训，国家需要一个稳定的地方政权，再加上似乎不能冷落了旧臣，于是将鬻熊的曾孙熊绎封为子爵，姓芈氏。楚就这样跻身于诸侯之列。

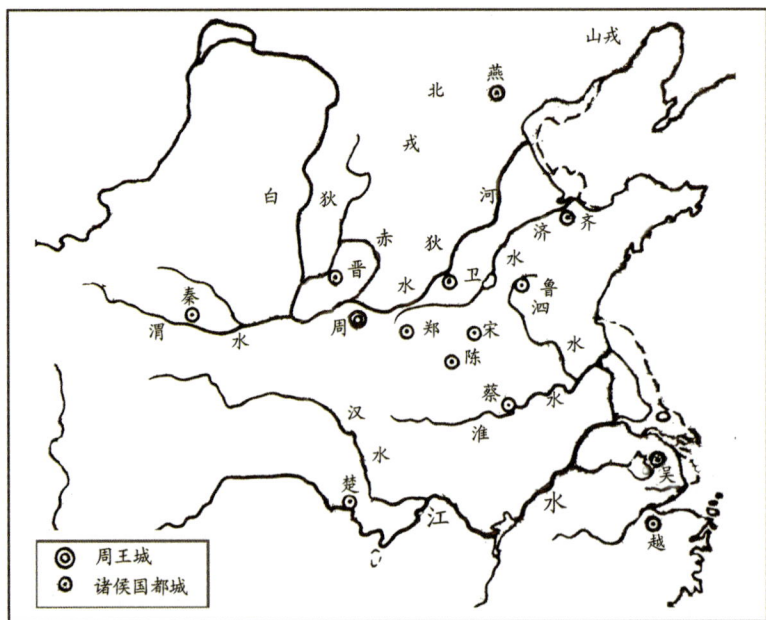

春秋列国图

楚建立以后，和周的关系时好时坏，而且时常侵凌周围的小国，不断地扩大自己的势力范围。楚成王熊恽即位，因为他的王位是联合随国弑杀了哥哥杜敖得来的，基础并不牢固，所以他一面对国内广施恩惠，一面结交诸侯。这时，楚国已经有很多年没有向周进贡了，熊恽派使者向周天子献贡。天子回赐以胙，并说：楚国可以向南方发展，镇抚夷人和越人，但是请不要再侵凌中国的诸侯了。天子的话，多半是出于无奈，因为那时周室已经衰落了，没有力量讨伐楚；少半是为了稳住楚，不使楚再向中原发展，以免威胁到王室的稳定。但是天子既然说了，不管是真是假，楚国都有了充足的借口。于是楚接连不断地发兵攻取南方，大大地扩张了自己的势力范围，以至于达到南海边上。楚成了一个地方千里的大国，反倒增强了北侵中原的实力。

楚的政治和文化中心在长江流域，其民风与以黄河流域为中心的华夏族颇不相同，所以被称为蛮夷之邦。但毕竟，楚是周天子所封的诸侯，又因为常常和中原的诸侯交战，所以其上层统治者的观念与行事，不能不受到中原华夏文化的影响。这样，楚向南方的拓展，实际上使得岭南的"百越"更进一步地摆脱了原始状态，而得以向华夏文化靠拢。

楚成王向岭南扩张，只是势力范围的扩大，还不能说在岭南建立起了有效的统治。在古代，这也许是中央王朝与边缘地区的一种难以摆脱的关系模式——没有固定的疆界，一切都取决于实力。当王朝的控制力比较强的时候，那些"远人"是臣服者；反之，"远人"就依旧是漠不相关的"远人"。楚的力量时强时弱，其和岭南"百越"的关系也时紧时松。成王以后，百越又与楚疏远了。到了楚悼王时候，一位天才的军事家——吴起，来到了楚国。悼王大喜，立刻任命吴起做了相国，厉行改革。吴起一面改革内政，一面整顿军队，楚又强盛起来。吴起领着楚军，不断地向北、向西、向南出击，百越又一次被纳入了楚的势力范围。

五羊雕塑

楚对百越的征服，在岭南发展史上留下了重要的印记。今天的广州又被称为五羊城，关于"五羊"名称的来历，其中有一种说法：战国时，南海人高固做了楚相，有五只羊含着稻谷来到了高固的庭院之中。这是极大的祥瑞，于是高固让人画了五羊像到处挂起来，又将此地方命名为五羊。通过这个传说，我们看见了遥远的岭南和楚的关系，也同时看见了岭南人民在很早的时候，就有培育水稻和驯化家畜的伟大智慧。

（五）吴越的移民

在楚征服和统治百越的同时，位于长江流域的其他诸侯国的人民也陆陆续续地迁往岭南。战国时期，由于战乱频繁，迁移的人民很多，这其中尤以吴、越两国为最。

吴本在长江下游今江苏、浙江、上海一带立国。奠定吴国基础的太伯和仲雍，和周文王的祖父季历，是三兄弟，都是当时周族的首领古公亶父的儿子。据说季历的人品才干都比两个哥哥好，又生了能干的儿子姬昌，所以古公亶父想将位置传给季历和姬昌。为了成全父亲，太伯和仲雍两人就离开了周，辗转远方，到了和中原诸夏交界的荆蛮之地。太伯和仲雍抛弃了中原诸夏的生活方式，和当地的人民一样，断发文身，表示自己绝不再回去。后来，太伯在南方建立了一个新的部族，叫做勾吴，自立为吴太伯。这是吴的形成。武王克殷，继太伯、仲雍之后，这时正是仲雍的曾孙周章做吴的首领，于是武王就封

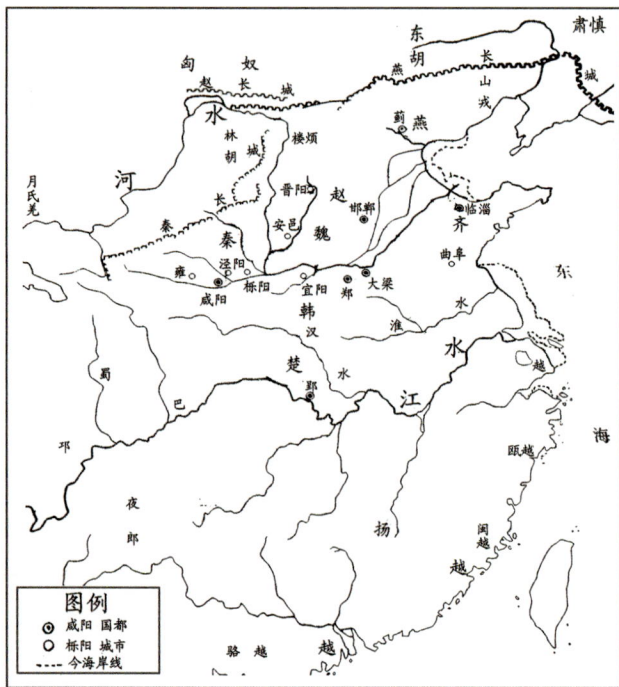

战国七雄形势图

了周章为诸侯，吴正式建国。武王又将原来殷族的旧地封给了周章的弟弟，建立了虞国。到了春秋时期，虞被晋献公以假途灭虢的计策，顺带给消灭了，而南方的吴国却日益强大起来。吴强大以后，不停地同相邻的楚、越等国发生战争。吴王夫差的时候，吴大败越，越举国投降。越王勾践不忘耻辱，采用范蠡、文种之计，卧薪尝胆，终于在20年以后灭掉了吴。吴建国的地方本是百越之地，其民风与岭南之越虽有不同，但亦相去不远。吴亡国，吴人四散而逃，据说其中一支，为了躲避越人的追杀，就逃到了岭南，在今天韶关市的南雄、始兴等县境内筑城而居，城名"南城"。这是吴人向岭南的迁移。

越据说是禹的苗裔，其始祖是夏代少康的庶子无余，姒姓，周初受封于会稽（今浙江绍兴）。和吴一样，越是一个以当地土著氏族——东越为基础建立起来的诸侯国。在建国后的几百年里，由于经济和文化远远落后于中原各诸侯国，人民还生活在极其原始的蒙昧状态，"文身断发，披草莱而居焉"，所以越只是一个默默无闻的小国。可是到了允常即位的时候，越已经逐渐强大起来了。允常和吴交战，两国结下了冤仇。允常死后，他的儿子勾践即位越王，又和吴国交战，终于利用吴王夫差的刚愎和骄傲，灭掉了吴国，越成为诸侯之霸。后来，到了王无彊任越王的时候，大举发兵伐楚，结果被楚打得一败涂地，王无彊也被杀了。越的旧地尽归于楚，越人四散而亡。

据《保昌县志》（保昌即今广东南雄市，在梅岭南麓）记载，当楚灭越时，有一族越人逃到了丹阳皋乡，改姒姓为梅姓，改皋乡为梅里。当秦并六国的时候，这一支越人又重新称王，并从皋乡经过零陵，再翻过江西大余与广东南雄交界处的台岭（即大庾岭）到了岭南。在这族越人中，有一个名叫梅鋗的人，在越过台岭后就停留下来，并在浈水边上筑城，"奉其土居之"，乡人因谓台岭为梅岭。梅岭的名称，从那时起一直沿用到今天。梅鋗所筑的城池，据说在梅岭南麓（今南雄境内）的中站，后称梅鋗城。岭上有一山，称"越王山"。明末广东著名文人屈大均曾有诗云："禹峡本因黄帝子，梅关变有越王孙。"说的就是梅鋗迁往粤北的事。梅鋗的渡岭南迁和落籍南雄，是有名姓可考的最早一批定居粤北的北方（江南）移民，可视为北人南迁之始。

从舜帝到吴越亡国，中间相隔不下数千年之久。在这个漫长的历史进程中，由于这样或者那样的原因，一部分生活在长江中下游地区的人民迁移到了岭南，他们虽然没有彻底改变岭南旧有的面貌，但却使这片东亚大陆最南边的土地，和以中原为腹心的华夏文明发生了越来越密切的关系。这是以后岭南被纳入中国版图的开始和基础。

岭南文化书系

珠玑南迁

二、南越王国

（一）岭南三郡

公元前 246 年，秦王嬴政即位；公元前 237 年，秦王亲政，中国历史进入了一个新旧交替的加速时期。在嬴政即位以前，秦已经确立了自己在诸侯中的霸主地位，接下来的事，就是依靠空前强大的军力完成统一。一场接着一场的战争展开了：公元前 230 年，秦灭韩；公元前 228 年，大破赵军，掳赵王迁，赵公子嘉奔代；公元前 226 年，破燕都蓟，燕王喜迁辽东；公元前 225 年，决河灌大梁，魏亡；公元前 223 年，破楚都寿春，掳楚王负刍，楚亡；公元前 222 年，伐辽东，掳燕王喜，燕亡；同年，掳代王嘉，赵亡；公元前 221 年，破齐都临淄，掳齐王建，齐亡。四百余年的血雨腥风，终于暂时停止了。

中原的战火熄灭了，始皇帝的称号也确定了，然而垂拱而治的时代还没有到来。到处都有潜藏着的不稳定因素：西边是秦人的发祥地，似乎问题还不大，但是北边的匈奴是劲敌。为了不让匈奴的铁骑踏入中原，加之"亡秦者胡也"的预言，不能不做充足的准备，于是秦始皇派将军蒙恬率领 30 万大军北逐胡人，攻取了河套地区，然后大征民夫，筑起一座西起临洮（在

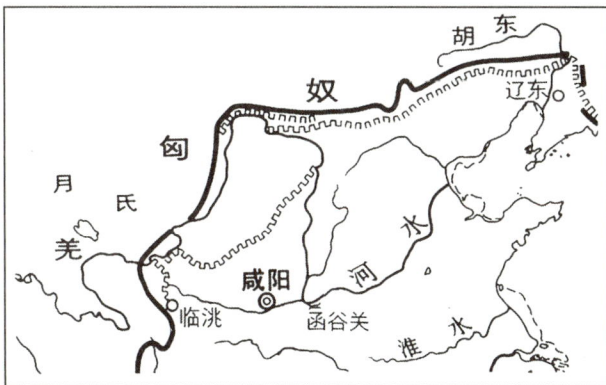

秦长城示意图

今甘肃岷县境内）东至辽东（今辽宁辽阳市境内）的万里长城，希望能把匈奴人挡在阴山以外。

东边是六国的旧地，不甘心失败的六国旧势力正在寻找各种各样的反扑机会。这是最需要警惕的地方。于是，雄才大略而又勤于政事的始皇帝不顾身体的劳顿，开始一次又一次的巡狩：即皇帝位的第二年，秦始皇西巡陇西（郡名，治所在今甘肃临洮县）、北地（郡名，治所在今甘肃庆阳市西南），出鸡头山（今宁夏隆德县崆峒山），过回中（今陕西陇县），这是为了安抚后方。第三年开始正式巡视东部各郡县：第一站是以现在的山东省为中心的齐鲁旧地。秦始皇先上了邹峄山（在今山东邹县）；接着登泰山，在泰山顶举行了隆重的仪式祭祀昊天上帝，又立了巨大的石碑，将秦顺应天命统一海内的功劳刻在石头上，代代传诵下去。第二站是现在浙江、江苏一带的吴越旧地。从泰山出发，先过黄（今山东龙口市东）、腄（今山东烟台市），一直走到大海，登上了芝罘山。接着再转向南，一直到琅琊。琅琊曾经是越的都城，现在却地广人稀。于是秦始皇下令迁移三万户农民来琅琊，又筑起一座琅琊台，再次树起歌颂大秦的石碑。一切都安排妥当了，秦始皇从琅琊启程回咸阳，途中又去了彭城（今江苏徐州市），又向西南渡过淮水，到衡山、南郡这些楚国的旧地转了一圈，最后才由南郡经武关回到关中。第四年再次东巡。这次在博浪沙（今河南原阳县）遭到了张良的暗杀，但秦始皇没有后退，除了下令全国开展十天的大搜捕以外，他还是接着向东走，又到了芝罘，刻石，再到琅琊；然后取道今天山西省的上党进入咸阳。第七年开始第三次东巡。先到碣石（在今河北昌黎县），拆掉六国时的旧城，开挖河道以兴水利；然后沿着北方边境各重镇，从上郡还归咸阳。经过这三次巡视，东边和北边算是基本安定了。

接下来是岭南。岭南是楚的旧地，楚虽然亡了，但是岭南还没有纳入帝国的控制范围。公元前219年，秦始皇命尉官屠睢带领50万大军，分五路渡岭击越，"一军塞镡城之岭，一军守九疑之塞，一军处番禺之都，一军守南野之界，一军结余干之水"（《淮南子·人间训》）。屠睢自领的一路，搭乘楼船，浩浩荡荡，直插瓯越（今广西境内）之地。

然而，让横扫六国的秦军意料不到的是，他们竟然遇到了激烈而

长久的抵抗。利用当地复杂的地形条件和南方潮热的气候条件，一个名叫"译吁宋"的西瓯国首领，领导当地的土著武装，展开了对屠睢的游击战。秦军每前进一步，都显得极为艰苦。敌人似乎无处不在，又似乎无影无踪，秦军只好日夜警惕，以至于"三年不解甲驰弩"（《淮南子·人间训》），不敢有丝毫的懈怠。军饷和粮食尤其是问题。岭南太遥远了，又到处是崇山密林，运输极为艰难。秦始皇只好命令史禄开凿人工河渠，将湘江和漓江连接起来，这就是灵渠。灵渠建成以后，秦军的局面有所改善。秦军可以深入越地，越人虽然步步后退，但是从不放弃反抗。

在一次战斗中，屠睢的秦军终于杀死了译吁宋，越人退入了丛林之中。然而，战斗远没有结束。对秦军来说，落后的越人是非常难以对付的敌人，因为他们和六国的战车甲兵完全不同；同时，这也是非常顽强的敌人，因为他们宁愿在无边的丛林中过着极其原始而简单的生活，"与禽兽处"（《淮南子·人间训》），也不肯做秦军的俘虏。在丛林里，越人重新选出了骁勇的俊杰做他们的将领。一个漆黑的夜晚，复仇开始了。越人在新首领的带领下，袭击了屠睢的营地。面对突然冒出的不计其数的越人，秦军的一切战法都失去了作用，军队迅速溃败，"伏尸流血数十万"（《淮南子·人间训》），连屠睢也被杀了。秦军全线退却到了两广的北部，第一次南征失败了。

但是，秦始皇是在战争中成长起来的君主。他的志向、他的性格、他的才略都使他不可能停下统一岭南的脚步。公元前214年，第二次南征开始了。这一次，秦始皇将部分逃跑的人、

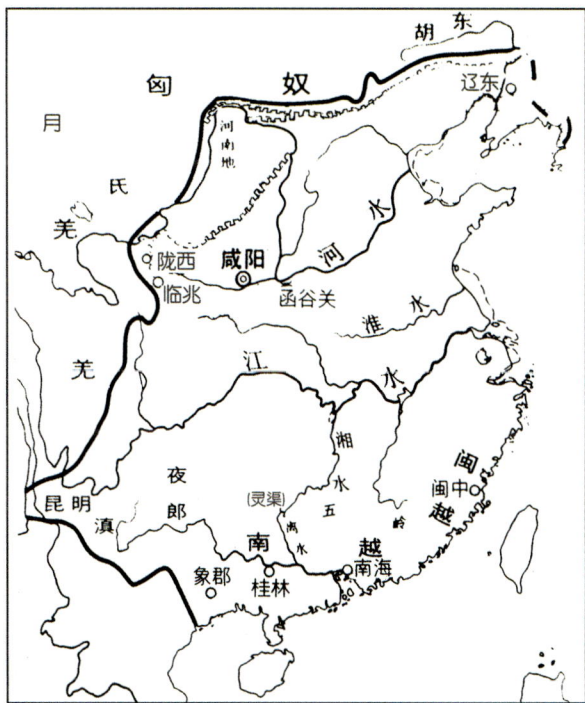

秦帝国的疆域

家奴和商人集中起来，编成了一支新的军队，将领是任嚣和赵佗。任嚣选择了新的进攻路线：一路越大庾岭，下浈水；一路过骑田岭，下连江；一路过萌渚岭，下贺江、西江。也许是因为百越已经在第一次战争中元气大伤，也许是因为新的策略发生了作用，总之，这次战争的结果是——岭南平定了，包括今天越南北部和整个南岭的广大地区，都成为秦帝国新的领土。

岭南新定，如何保持其长治久安的问题接着摆上了桌面。秦始皇同时采用两个办法：一是设立正式的行政区划，成立桂林、南海和象郡三个新郡，使岭南摆脱属于楚国时的那种若即若离的半独立状态，成为中央统一领导下的一个有机组成部分；二是将任嚣和赵佗的数万大军留下，有了这几万大军屯守，就可以建立坚固的城池，作为政治和军事的中心，也成为长期的据点。不过，问题又产生了：数十万大军都是青壮男儿，在这离家乡万里之遥的蛮荒之地久居，其家室问题怎么解决？赵佗向始皇上书，希望能够发来 3 万没有夫家的中原女子，以解决大军的婚配问题。始皇同意了赵佗的建议，不过在数量上打了五折，只派了 15 000 名女子。此后，始皇还陆续发遣了一些罪犯前来岭南三郡，进一步增加了岭南中原之民的数量。

赵佗的秦军和后来的 15 000 名女子，以及此后陆续被贬入粤的罪人，是中原人民第一次大规模地移民岭南。他们在岭南筑城建屋，发展生产，对推动岭南开发起到了重要的作用。

（二）赵佗称帝

公元前 209 年，离秦始皇死去刚刚一年，被征发戍边的一队 900 名军士，在农民出身的屯长陈胜、吴广鼓动下，揭竿而起，高呼"王侯将相，宁有种乎？"发动了中国历史上第一次农民起义。星星之火，可以燎原。天下的百姓已经被秦的酷政压得喘不过气来，六国的旧贵族也在时刻寻找机会，现在，机会终于来了。虽然没有铜铁铸造武器，

赵佗塑像

但是不怕，只要有同仇敌忾的勇气，一切问题都可以解决。一时之间，陈胜、吴广所到之处，人们纷纷响应，"斩木为兵，揭竿为旗"，和秦王朝展开了一场殊死的战争。

公元前206年，沛人刘邦率领汉军率先攻入咸阳，秦王子婴投降，秦亡。公元前202年，楚汉大军决战于垓下，力能扛鼎的西楚霸王项羽兵败自刎。刘邦称帝，建立汉朝。

当中原重新燃起熊熊战火的时候，远在岭南的任嚣与赵佗也开始了自己的谋划。平定南越后，任嚣被始皇任命为南海郡尉，赵佗为南海郡龙川县令。按照秦的官制，郡的最高首长是守，尉是郡中的军事长官；郡下设县，县的最高首长是令。从职务来看，任嚣并不是朝廷所委派的南海郡最高长官，但是却掌握着军队。由于在平定南越时所建立的功勋，可以想见任嚣和赵佗在当地的威望。秦将要亡了，岭南怎么办？南海尉任嚣有自己的打算。他把龙川令赵佗召到自己的病床前，说：

闻陈胜等作乱，秦为无道，天下苦之，项羽、刘季、陈胜、吴广等州郡各共兴军聚众，虎争天下，中国扰乱，未知所安，豪杰畔秦相立。南海僻远，吾恐盗兵侵地至此，吾欲兴兵绝新道，自备，待诸侯变，会病甚。且番禺负山险，阻南海，东西数千里，颇有中国人相辅，此亦一州之主也，可以立国。郡中长吏无足与言者，故召公告之。（《史记·南越列传》）

这是任嚣对当日局势的分析，也是他对岭南前途的打算。但是他病得不行了，只能由多年的战友和最信得过的部属赵佗来完成。

任嚣将南海尉职务让给赵佗，不久就病逝了。赵佗立即发布紧急命令到横浦（今粤北大庾岭或者梅岭关隘）、阳山（今粤北阳山县）、湟谿（今粤北连州连江口）几个关隘，说北边的盗兵很快就要南下，各关要紧急行动，断绝南下的所有道路，然后聚兵自守。这样，赵佗就把岭南和中原的联系切断了。军事上的事都安排好了，赵佗又找出了许多的理由，慢慢地诛杀了秦所置的各级官员，并安排自己的亲信党羽为"假守"，"临时地"替代了这些官员的职权。秦灭亡的消息一传来，赵佗就展开了进一步的行动。他进军桂林、象郡，将岭南三郡全部占据，自立为南越武王，岭南成为一个割据政权。

南越国建国初期疆域图

当赵佗建立自己的南越国时，中原的楚汉之争已经结束了。但是，在经过了严酷的战争后，新生的政权已经没有力量发动新的征讨。何况，北边匈奴的威胁要比南边大得多，南边只是割据，而北边却常常南下，甚至威胁到京都的安全。因此，高祖刘邦采取了缓和矛盾的绥靖政策。汉高祖十一年（公元前 196 年），汉派遣陆贾到了南越，以朝廷的名义立赵佗为南越王，并与南越互通使节。这个政策起到了作用。赵佗本身是中原移民，他出生在河北真定（今河北正定），只是随军到了岭南然后定居下来。无论从哪个角度考虑，赵佗都没有北侵的打算，他只是遵从任嚣的策略，利用岭南地势之险割据一方。现在，既然汉廷愿意承认自己这个自封的南越王，那么再好不过了。这样，南边的边境暂时安定了下来。

赵佗所割据的地方，以今天的广州为中心，包括了广东的中北、中南和西南部。在广东北部靠近江西的南雄、始兴一带，还有另外一支较小的割据力量，这就是秦末迁到此处的梅鋗。据《广东新语·人语》所记，在秦末的大风浪中，梅鋗也跟着刘、项的大军，兴兵抗秦。在项羽做霸王的时候，就将梅鋗封为台侯，并以台岭以南诸邑作为封地。项羽溃败，汉高祖又因为梅鋗在当地的根基

梅鋗像

和势力，加封梅鋗"广德十万户"，稳定了这一股地方力量。台岭以南诸邑，当指今天梅岭南侧的南雄、始兴、仁化、翁源、曲江、英德等地，也就是今天粤北的大部分地区。以后梅鋗的子孙，就世世代代居住在曲江、浈阳（今广东英德、翁源）等地。今翁源县城北三十里处有一个梅村，相传是"鋗之汤浴地"，即梅鋗沐浴起居的地方。也有人说梅鋗当年所居的台岭就是现在的台山，因为当地人也称台山为梅岭。然而宋代以前，广州以南大部分还是海渍地，又有赵佗在番禺一带称王，所以梅鋗在台山的可能性并不是很大。

刘邦驾崩后，皇后吕雉听政，有人上书，请朝廷将铁器列入与南越贸易时的禁止目录。铁器是非常重要的物质，因为农业生产要用到它，制作武器也要用到它。停止铁器交易的消息传到南越，赵佗非常气愤，说：当年高祖皇帝封我为南越王，和朝廷互通使节和贸易，而今吕后却听信小人的谗言，把我当做蛮夷异类区别对待，不许中原人和南越交易器物，这一定是长沙王的奸计。长沙王想依仗朝廷的势力，把我南越国消灭掉，然后再将我南越并入他长沙王的管辖范围，这样不仅可以扩大他自己的实力，还可以立个大功劳。一气之下，赵佗干脆自上帝号，称南越武帝，并发兵攻打长沙国边境。南越军士一鼓作气，连着打败了几个县才罢兵而去。

赵佗的这个举动，不仅是搞分裂，还把汉廷作为敌人来对待。事情闹大了，汉廷也不得不有所表示，于是吕后遣将军隆虑侯周灶带兵打击赵佗。不巧这时正是暑天，南方天气炎热潮湿，汉军都是北人，对南方的气候极不适应，军中疫病流行，以致士兵不能逾岭。如此拖延了一年多，吕后驾崩，朝廷也就顺势罢兵了。汉廷的征讨不了了之，对朝廷并无大的影响，因为南越国本来就只是名义上的属国；但对赵佗而言，却是一桩天大的好事。赵佗威望大长，他不仅趁势在边境驻扎重兵，还用财物贿赂闽越、西瓯、骆等地的部族，使他们臣服于自己。这样，南越国竟然扩张成了一个东西万余里的大国。赵佗本人也模仿中原的皇帝，乘着黄色的大车，车左的大纛随风飘扬，一切都有模有样，和中原的皇帝差不多。

诸吕剪灭，周勃等迎立代王刘恒即位，这就是汉文帝。文帝上台，第一件事就是安抚中外，除了安排亲信、大赦天下、封赏有功之臣、颁布政策法令等以外，因为自己不是以太子的身份即皇帝位，而是周

勃等大臣在特殊时期公推迎请登上皇位的，所以还需向诸侯和各邻国说明自己即位的缘由，以及即位后的政策。其他地方好说，可是南越国已经同朝廷闹翻了，怎么办呢？好在赵佗本是河北人，其父母的坟墓都在老家，于是专门为赵佗父母之坟设置了看守官员，按照礼节准时祭祀。又召来赵佗的兄弟们，赐以高官厚禄。处理完了，文帝问丞相陈平等人，说你们看看，谁可以代表朝廷出使南越呢？陈平说，好畴（县名，在今陕西境内）人陆贾，高祖的时候经常出使南越，可以让他去。于是文帝下诏，任命陆贾为太中大夫，代表朝廷出使南越。陆贾是个外交高手，他一到南越，见了赵佗，先是一顿严词责备，说您本是大汉的南越王，与高祖剖符为信，可是您却自立南越武帝，而且连派一个小小的使者告诉一声都没有做到，这算是什么事？本来南越国和汉的实力相差就太悬殊，现在陆贾又一顿数落，赵佗吓得不轻，立刻上书向朝廷谢罪。书中说：

> 蛮夷大长老夫臣佗，前日高后隔异南越，窃疑长沙王谗臣，又遥闻高后尽诛佗宗族，掘烧先人冢，以故自弃，犯长沙边境。且南方卑湿，蛮夷中间，其东闽越千人众号称王，其西瓯骆裸国亦称王。老臣妄窃帝号，聊以自娱，岂敢以闻天王哉！（《史记·南越列传》）

信写得很谦卑，有的也是实情。赵佗又表示愿意永远做汉的藩臣，按时向朝廷进贡，同时向国中下了命令，说：我听说两雄不俱立，两贤不并世。现在的皇帝是贤德的天子，所以自今以后，我要去掉皇帝的仪式，不再用黄屋左纛了。这是很好的结局了，陆贾回长安一报告，文帝极为高兴。到了景帝时，赵佗又向汉称臣，派使者到长安向天子朝请。然而，赵佗虽然对朝廷很恭敬，在南越国内却仍然偷偷地使用旧的国号，在派使者朝见天子、称王号、发布朝命等方面，却都和诸侯一样。

（三）平定南越

公元前 137 年，也就是汉武帝建元四年，赵佗死了。赵佗的孙子赵胡做了南越王。建元六年（公元前 135 年），闽越王郢兴兵侵犯南越边境，赵胡派人向朝廷上书，说："两越俱为藩臣，毋得擅兴兵相攻击。今闽越兴兵侵臣，臣不敢兴兵，唯天子诏之。"（《史记·南越

列传》）武帝认为南越讲道理，又恪守本分，一定要支持才行。于是以大行令王恢和大司农韩安国为将军，王恢出豫章（治所在今江西南昌），韩安国出会稽（治所在今江苏苏州），两路大军往讨闽越。结果大军尚未逾岭，闽越王的弟弟馀善已经杀了郢请降，于是兵不刃血而罢。

汉武帝像

闽越入侵的事情妥善解决了，武帝派庄助到南越，向南越王说明事情经过。赵胡感动得不得了，连连磕头说，天子为了臣而兴兵讨伐闽越，臣就是死了也无法报答天子的大德！为了表示诚意，赵胡特别派遣太子婴齐到长安做宫里的宿卫。又对庄助说，南越国现在正在遭受盗贼的滋扰，贵使您先回去一步，我处理完了这里的事，会日夜兼程入见天子。庄助去后，南越的大臣对赵胡说：大王您可不能去长安啊！汉廷兴兵诛杀郢，是为了救南越，同时也是为了用行动来警告南越。而且先王早就说过了，我们服侍天子，只要没有失礼之处就可以了，千万不要因为听了几句好话就跑到长安去觐见。只要去了就回不来了，这可是亡国的事情呀！赵胡一听，心里顿时打了退堂鼓，于是就假称有病，一天两天地拖了下来，最后也就不去了。又过了十来年，赵胡真的生了病，而且病得不轻，太子婴齐向武帝打报告，请求回去侍奉父亲。这是人伦常情，武帝批准了。

赵胡死后，婴齐即了王位，立刻将武帝赐给其祖先的印玺藏了起来。婴齐在长安宫里做侍卫时，偷娶了邯郸一位姓樛的女子为妻，生了儿子赵兴。当时，婴齐向朝廷上书，请求立樛氏女为南越国后，赵兴为嗣子。诸侯娶妻立嗣有严格的规定，婴齐的做法不合礼制，于是汉廷几次派遣使者委婉地批评婴齐。婴齐秉性放纵，常随意杀人；又很怕万一到了长安，朝廷强行要他遵守对诸侯的各项要求，所以一直称病，不敢入见天子。和赵胡一样，婴齐送了另一个儿子到长安做宿卫，算是表达对朝廷的忠心。

婴齐死后，太子兴代立，其母樛氏做了太后。武帝元鼎四年，也就是公元前113年，武帝以安国少季为使者前往南越，通知南越王赵兴、王太后樛氏入朝觐见，一切礼制仪式都要与国内其他诸侯一致。

为了稳妥，武帝还命令能言善辩的谏大夫终军前去宣告朝廷辞令，又令勇士魏臣辅助。武帝这次对南越国采取的措施，实际上等于取消了南越的特殊地位。为了以防万一，再命令卫尉路博德带领大军，屯扎在桂阳，等待使者回复消息。

这个安国少季是霸陵（今陕西西安灞桥一带）人，在樛氏还没有做婴齐的小妾以前，两个人有过一段私情。现在赵兴年纪还很小，安国少季又来了，于是两个人又偷起情来。世上没有不漏风的墙。南越的很多人慢慢知道了这件丢人的事，所以很瞧不起樛氏，不愿为其所用。樛氏害怕起来，一方面怕大家闹起乱子管不住，另一方面也想借助汉廷的威势，于是几次三番地劝告赵兴和群臣，请求和其他诸侯一样隶属于朝廷。由于樛氏太后的作用，南越终于同意了取消特权，于是派了使者上书，请求与其他朝廷正式册封的诸侯一样，三岁一朝，同时撤销边境线上的关卡。武帝同意了，同时赐给南越国丞相吕嘉银印，内史、中尉、太傅也都统一由朝廷赐印。除了这几个主要职位，其余职位的印信南越可以自行铸造。此外，还废除了南越以前的黥、劓等肉刑，总之，一切都用汉法，和内地其他诸侯一致。至于前面所派的使者，全部留下来以镇抚南越。事情处理完了，赵兴和樛氏就开始整饬行装礼物，准备入朝觐见。

但是问题偏偏在这个时候产生了。南越国的丞相吕嘉，是一位长者，也是赵胡、赵婴齐和赵兴三代的丞相。吕氏宗族中，出任重要官职的人有七十多个，而且其男子全部都娶公主为妻，女子全部都嫁与越王的儿子兄弟等宗室为妻。此外，吕嘉还和苍梧一带的越人头领秦王赵光有联姻。吕嘉的势力如此之大，实际上是南越真正的当权派。吕嘉的势力大，越人都来依附他，愿意做他的耳目鹰犬，所以其得越人之心甚于越王。对于完全归顺朝廷，吕嘉坚决反对，因为这样南越和吕氏的特殊地位就都没有了。赵兴向朝廷上书的事，吕嘉多次反对，但是越王不听。吕嘉看挡不住越王，心里就起了异志，他几次三番都以有病为由，拒不见汉使。

吕嘉有异动，汉使都注意到了，可是吕嘉势力实在太大，在南越国中的关系盘根错节，一下子也不能诛杀。越王、樛太后也很担心，怕吕嘉首先发难。于是越王和太后就想了一计，希望能够借助汉使诛杀吕嘉。他们在宫里摆好酒席，请了汉使和吕嘉等大臣来赴宴。汉使

东向坐，太后南向坐，越王北向坐，丞相吕嘉和诸大臣西向坐。吕嘉的弟弟为将，领兵在宫外保卫。酒宴一开，太后樛氏就对吕嘉说：丞相呀，南越归顺朝廷，是利国利民的大好事，丞相却怎么也不肯答应，这到底是为什么呀？太后的意思，是想用吕嘉激怒汉使。可是汉使呢，却犹犹豫豫，拿不定到底应该行动还是不行动。这样一来，樛太后也不敢贸然下手。吕嘉见情况有变，左右又不是自己人，不敢久留，立刻站起来往外走。太后大怒，拿起一支矛就想刺向吕嘉，赵兴眼疾手快，赶快拦住了母后。吕嘉出来，马上向弟弟要了一部分兵，簇拥着自己回了相府。吕嘉一回家就开始称病，再也不肯见越王和汉使。

有了这一次被谋杀的经历，吕嘉对樛氏太后更加不满，于是悄悄和其他大臣商议，准备作乱。不过准备归准备，吕嘉并没有立即采取行动。说到底，也许是因为吕嘉知道越王实际上并不想杀自己。

太后樛氏行为不端，越人不愿意跟随，所以根本没有力量独立诛杀吕嘉。武帝也知道吕嘉不服从越王，而越王和太后势单力薄，控制不了吕嘉；派去的使者又怯懦犹豫，没有个决断。虽然如此，可是在是否要出兵的事情上，武帝还是有些拿不定主意。毕竟越王和王太后已经归附朝廷，只有吕嘉不听话，但吕嘉也还没有叛乱。想了又想，武帝就想派庄参带 2 000 人到南越去看看虚实。庄参说：皇上，如果朝廷想同吕嘉修好，我只带几个人就足够了；如果是想用武力解决吕嘉的问题，那么2 000人太少了，什么事也干不成。庄参抗命不去，武帝只好罢了庄参。武帝正在发愁派不出合适的人的时候，一个姓韩的人自告奋勇地站了出来，说：皇上不要担忧，南越区区蛮夷之地，又有越王和王太后暗中接应，只是一个吕嘉为害而已，2 000 人我都嫌太多，皇上只要给我 200 人，我必斩了吕嘉之头回报皇上。这个姓韩的本是郏（在今陕西境内）地人，做过以前济北（在今山东境内）相的千秋官，也是一位壮士。于是武帝就派韩千秋与樛太后的弟弟樛乐领军 2 000 前往南越。

汉军刚过南岭，吕嘉就造反了。他对国人下令说：大王年少不懂事，太后本是中原人，又和汉使淫乱，一心只想着归顺汉廷，为了巴结天子，便把先王的宝器都统统拿去贡献朝廷。又造谣说：太后为了脱身，那些跟着她去的侍从，一到了长安，就会被卖了去做奴仆，太后根本就没有替赵氏的江山社稷、大家的将来做打算呀。这么一鼓动，

很多人也就相信了。吕嘉和他的弟弟带着兵，冲入宫里杀了越王赵兴和王太后，接着又杀了汉使。吕嘉这边得了手，马上遣人告诉苍梧的秦王赵光及其下属各郡县，并立了赵建德为王。建德是先王婴齐的长子，娶的妻子是越人而不是汉人。再说韩千秋兵入岭南，一连攻破了几个小城，心里越发觉得南越不堪一击。正自觉得意，没想到越人干脆放弃了抵抗，不但敞开道路让汉军过，沿途还供给饭吃。这简直太棒了！韩秋千和樛乐领着汉军，顺顺利利就开到了离南越都城番禺40里之外的地方。正想着马上可以进城美餐一顿，然后向朝廷邀功，突然间四周杀声震天，越人像从地里冒出来一样，将汉军围得水泄不通。韩千秋拼力死战，可是哪里还冲得出去？汉军就这样全军覆没了。

吕嘉用计消灭了汉军之后，先将汉使的符节放在匣子里，派人送到两国交界的关塞上，还写了一封谢罪信，讲了好多无中生有的话替自己开脱罪责，然后又发兵把守边关要害之处，防止汉军再来。

消息传到长安，武帝说：韩千秋虽然没有成功，然其勇气足为军锋之冠。于是封韩千秋的儿子延年为成安侯，樛乐的姐姐为南越王太后，樛乐的儿子广德为龙亢侯。然后下诏说：天子力微，诸侯才敢于自专。现在吕嘉、建德等谋反，还好好地没有事，这是不行的。命令将罪犯和江淮以南的水军，编成10万大军，往讨南越。

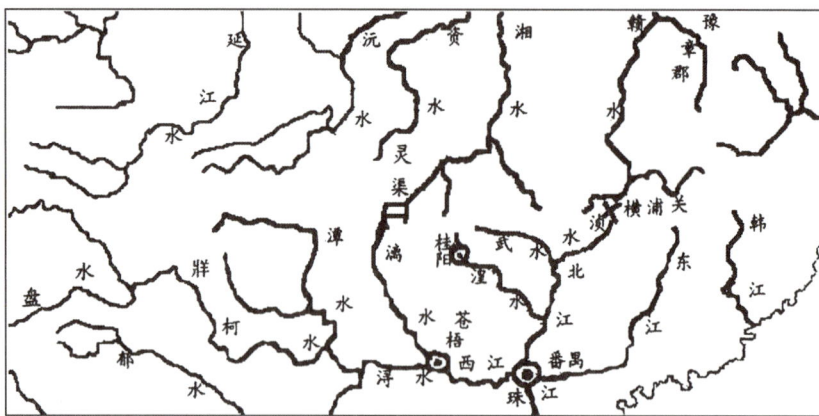

汉武帝征南越略图

公元前112年，也就是元鼎五年的秋天，汉军兵分四路直下岭南：一路以卫尉路博德为伏波将军，出桂阳（今广东连州市），下汇水（《汉水》作"湟水"。今广东连江，是北江的支流）；一路以主爵都

尉杨仆为楼船将军，出豫章（今江西省），下横浦；一路以归义侯郑严、田甲二人（两位归顺汉廷而被封侯的越人将领）分别为戈船、下厉将军，先出零陵（郡名，治所在今广西壮族自治区全州西南），然后一下离水（即漓江），一抵苍梧（在今广西梧州市）；一路命驰义侯将巴蜀罪人编伍，和夜郎兵一起下牂柯江（可能在今贵州省，西汉时属夜郎国）。四路大军都在番禺（今广州）会合。

元鼎六年冬，楼船将军杨仆带领精锐先攻陷了寻陕要塞，接着又破了石门，南越军溃败，杨仆夺得南越军队的粮船，顺势向前推进，大挫南越锋锐。然后稍作停留，等到了远道而来的伏波将军，两军合师一处，一起向前推进。大军很快就到了番禺，赵建德、吕嘉都上城死守。楼船将军先到，选了东南面攻城；伏波将军晚到，从西北面攻城。那时正是天色已暮的时候，楼船将军一师大举进攻，越人大败，汉师纵火烧城，东南面一片火海，乱军自相践踏，死伤无数。伏波将军人少，只有一千多人，扎好营寨后，见力攻不行，便用了一计，趁着天黑越人不知其兵力虚实，派使者招来投降的南越军人，赐给他们印信，让他们再去召同伙来降。楼船将军这一烧城，将大量乱兵驱赶到了伏波将军的营寨，结果到了天蒙蒙亮，发现城中越人都去降了伏波将军。吕嘉、赵建德趁着混乱，在夜色掩护下，早就同几百个死党从海上向西逃跑了。伏波将军从投降的越人中找了几个有身份的加以审问，了解了吕嘉逃跑的方向，立刻派人追赶。结果，校尉司马苏弘

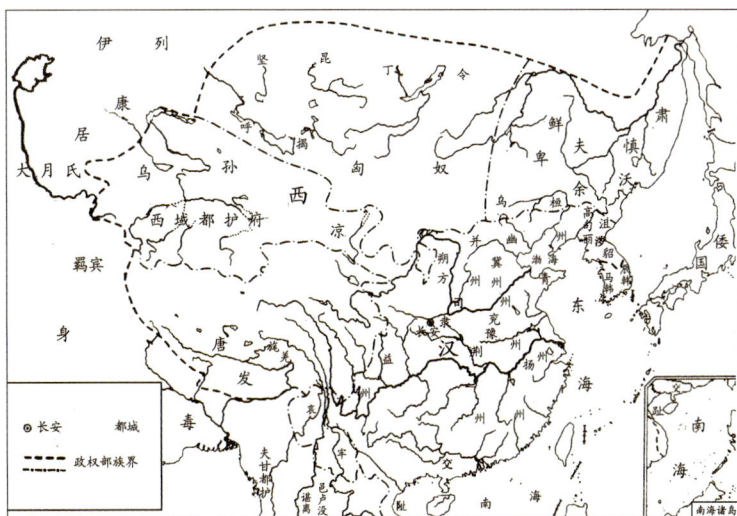

西汉全图

抓住了赵建德，郎官越人都稽抓住了吕嘉。苏弘被封为海常侯，都稽被封为临蔡侯。苍梧王赵光是南越王同姓，听到汉兵将至，赶快和揭阳令一起上书，表示自愿归顺朝廷；桂林监居翁也发布公告，表示瓯越、骆越自愿属汉。番禺城破的时候，戈船、下厉两将军的兵以及驰义侯所发的夜郎兵还没有到岭南，南越就已经平定了。（以上叙述皆据《史记·南越列传》）

战事结束后，武帝将南越分为九郡，岭南重新归属中央直接管理，从此再也没有独立过。

从赵佗称王到南越亡国，南越国总共存在了五世 93 年。

三、衣冠南渡

（一）岭南初辟

在汉武帝统一岭南以前的数千年时间内，不要说和早已开发的黄河中下游地区比较，就是和被中原华夏族视为蛮夷之地的长江中下游地区比较，岭南的社会和经济发展也非常落后。在中国历史上，以陕西、山西、河南三省相交处为中心的中原地区最早从渔猎社会进入农业社会，与此相应，这一地区也最先摆脱了原始状态而建立了国家组织，并发展出了一整套与经济基础和政治制度相适应的文化制度及价值观念。

夏、商、周三代所控制的疆域虽然不断扩大，但其统治中心都在中原。西周初年，齐、鲁等诸侯国的建立，使中原文化扩张到了黄河下游地区；春秋以后，随着楚、吴、越等国的相继崛起，中原文化又逐渐向长江流域扩展，并借助长江流域各国进一步向岭南渗透。如果以水中的涟漪来比，中原地区即是这涟漪的中心，其向外部的扩张，在范围上是不断扩大的，在力度上却是不断递减的。

因为秦的一统局面只维持了短短的十几年，所以，在汉武帝统一岭南以前，岭南其实并没有和中原建立起密切的联系。不但在政治上是这样，在经济和文化上也是这样。如前所述，从北而来的移民当然是有的，他们对岭南的早期开发也作出了贡献。但是，和岭南的广大地域相比，这些随着躲避战乱和军事征服而来的人口还是太少，岭南人渔猎采集的生产方式和半原始的生活方式并没有因此得到根本改变。所以，在中原人眼里，岭南依然是方外之地，不可以居处，不可以养民。汉武帝的统一，为岭南的发展提供了政治上的保障，这是岭

南越人开始大规模汉化的重要基础。当然，这是一个漫长的过程，而且速度也时快时慢。总的来说，在和平时期，移民的规模要小一些，岭南发展的速度也要慢一些；在战乱时期，移民的规模要大很多，岭南开发的速度也会加快很多。

　　大约在两汉之际，因为中原的战争，又有很多北人南迁至岭南。关于这次较大规模人口南迁的详细情况，史籍所载并不详细。但是我们可以从岭南人口的变迁窥知其规模和影响。

　　《续汉书·郡国志五》提供了汉顺帝永和五年（140年）岭南各郡的人口数字，可以把它和《汉书·地理志下》所提供的汉平帝元始二年（2年）的户口数字比较：

	元始二年		永和五年		增长率（%）	
	户	口	户	口	户	口
南海	19 613	94 253	71 477	250 282	264.4	165.5
郁林	12 415	71 162				
苍梧	24 379	146 160	111 395	466 975	356.9	219.5
交趾	92 440	746 237				
合浦	15 398	78 980	23 121	86 617	50.2	9.7
九真	35 743	166 013	46 513	209 894	30.1	26.4
日南	15 460	69 485	18 263	100 676	18.1	44.9
合计	215 448	1 372 290	270 769（缺郁林、交趾2郡）	1 114 444（缺郁林、交趾2郡）	144.8（估算永和五年郁林、交趾郡户口）	100.8（估算永和五年郁林、交趾郡户口）

摘自张岂之主编：《中国历史·秦汉魏晋南北朝卷》，北京：高等教育出版社，2001年，第124页。

　　永和五年（140年）郁林、交趾两郡的户口虽缺，但很可能是岭南七郡中较多的。清人王先谦的《后汉书集解》引用过陈景云的一段话，大意是说光武帝刘秀建武中期，大将军马援平定交趾后，曾经上书请将西于县拆开，分为封溪、望海两个县。当时西于县的户口，已经有32 000。如果加上其余诸县，交趾郡的户口，可能在岭南诸郡中数一数二。

　　岭南户口的大幅增长，得益于岭南可以在中原接连不断的战火之

外保持长久的和平，也得益于岭南农业生产在几百年间所取得的长足发展。岭南农业生产的发展，又和两汉之际以及东汉末年较大规模的移民南迁有直接关系。西汉的时候，中国的经济重心还在黄河流域，但是，因为受中原地区的政治动荡、黄河流域生存环境的退化、长江以南的气候变迁等社会和自然因素的影响，当两汉动荡之际，自然会有比较多的人口开始向江南迁徙。到了东汉末年，江南又迎来了一次移民高潮。这些南迁的移民，主要落脚点是长江中下游各省，也就是以前的吴越故地，但是其中也有一部分人，远迁到了五岭以南。这是上表所示岭南人口增长的主要原因。可以想见，北方移民的到来，带来了黄河流域先进的农业生产技术，加快了岭南的开发。所以，东汉末年的岭南虽然依旧偏远，在经济上也无法和中原腹地相提并论，但是与以前的半蛮荒状态相比，却有了很大的进步。东汉末年一些军事集团对岭南的关注从侧面反映了这种情况。比如，在遭到重大挫折以后，刘备为了东山再起，曾经准备南下苍梧（郡治在今广西梧州）避难；孙权致书曹操，也说自己要"乞寄命交州"（《三国志·吴书·吴主传》）。如果岭南没有一定程度的发展，他们是不会做这种打算的。

（二）晋室南渡

公元 263 年，魏将邓艾、钟会伐蜀，后主刘禅出降，蜀亡。265年，司马炎废魏帝自立，西晋开始。279 年，晋军伐吴，次年吴主孙皓投降，吴亡。自东汉初平元年（190 年）关东军讨董卓以来共计 90 多年的乱局暂时结束了。可是好景不长，才过了 11 年，"八王之乱"又开始了。西晋的根基因此动摇，给了许多势力集团以可乘之机。304年，匈奴人刘渊开始起兵，才二十多天就发展到 5 万人。316 年，刘渊的儿子刘曜破长安，愍帝出降，立国才 51 年的西晋灭亡了。从此中国社会进入一个长达两个半世纪的混乱时期，期间政权的更迭和战争的频繁，较之战国有过之而无不及。这是中国历史上最黑暗的时期之一，也是中国历史上人口大迁移、大流动的主要时期之一。

在中原陷入大动乱的时候，长江以南还保持着相对的和平。波澜壮阔的长江天堑，暂时挡住了胡人的铁骑。317 年，晋琅琊王司马睿在建业（今江苏南京）称晋王，改元建武；第二年称帝，将建业改为建康。这就是东晋。中原已经不是汉人的天下，匈奴、羯、鲜卑、氐、

羌等少数民族政权正在这里互相攻伐，无论是谁当皇帝，大多数汉人都是受压迫者。经济上的盘剥、政治上的歧视、文化上的隔阂、军事上的打压和役使，都促使汉人不得不寻找生路：大部分有权有势的豪强大族，凭着家大财足，开始向江南举族迁居，史称"洛京倾覆中州士女避乱江左者十六七"（《晋书·王导传》）；无力迁居的大部分普通汉人，只能依靠自己的力量来保卫财产生命，他们联合本族成员，以村庄为中心，组成坚固的坞壁自守；还有一些汉人，沦落成为流民，成群结队地四处流浪。

司马睿像

两晋之交中原士族往江左的大规模迁移共有两次，因为迁移的高峰是在刘渊灭晋以后的四五年间，也就是晋怀帝永嘉年间（307—312年），所以统称"永嘉南迁"。又因为迁移者以士族——也就是有一定的经济实力和社会地位的士大夫家族，而不是下层的农民——为主，所以也称之为"衣冠南渡"。南迁的浪潮一直持续到南朝刘宋年间，前后达150年之久。这些阖族南迁的中原士民，其中一部分可能先是迁到了江淮之间，然后又到了长江以南。其主要迁入点，集中在今天的安徽、江苏、浙江、湖北、江西等地。为了安置这些南渡的士民，东晋政府模仿中原政权的政治架构，设置了许许多多的侨州、侨郡和

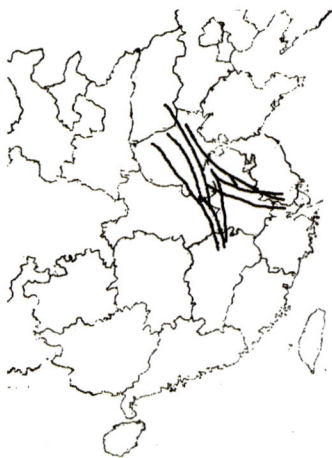

永嘉南迁路线略图（一）

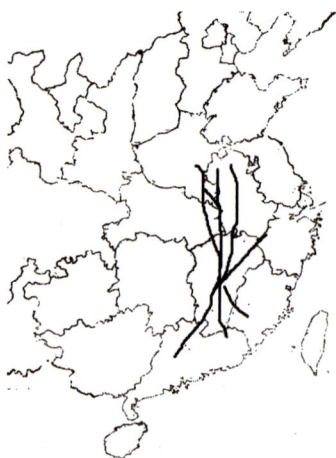

永嘉南迁路线略图（二）

侨县，意思是说只是暂居江南，将来还是要回到中原。这是一种让人感动的思乡情怀，然而也让人觉得辛酸和无奈。

除了以建康为中心的长江中下游地区，还有一部分人口向着更南的方向前进，越过五岭，到了今天岭南的粤北、粤东等地。遗憾的是，关于两晋之际北人向岭南移民的记载非常少，我们只能从后人的追述中来推测大概的情形。

新中国成立后，在韶关和广州出土的一些晋代砖刻上有"永嘉世，九州荒（凶）；如广州，平且康（丰）"的句子，已经说明了中原流人大批入粤的史实。明嘉靖《广东通志》也说："自汉末建安至于东晋永嘉之际，中国之人，避难者多入岭表。"同书又引《交广记》云：315年，也就是晋愍帝建兴三年，因为"江扬二州……民多流入广州"，所以朝廷"诏加存恤"。流民的情况已经引起了中央的注意，要地方加以存恤，可见人口当不在少数。此外，清代编成的《古今图书集·职方典》卷1297《广州府部·东莞县》也说："邑本晋郡，永嘉之际，中州人士避岭者，多止兹土。"

粤北是移民南下的必经之路，珠江三角州已经有了这么多移民，那么粤北地区也一定不在少数。遗憾的是，关于两晋之际粤北的移民和开发情形，史料的记载非常少。虽然如此，我们仍可以从其行政区划的历史沿革上得到些许信息：从秦始皇平定岭南设南海郡，到汉武帝灭南越国以前，其间三百年左右的时间，偌大的粤北一直没有设县。这说明在此一历史时期内，粤北的人口不多，经济发展落后，所以没有设县的必要。武帝灭南越国后，粤北地区始设桂阳、阳山、阴山、含洭、浈阳、曲江六县，隶属于桂阳郡（治所在今郴州）

三国形势图

三

衣冠南渡

广府文化丛书

管辖。今始兴、南雄两县则属于豫章郡南林（后汉称南野，县治在今江西南康境内）县管辖。武帝的统一推进了粤北地区的开发，到了三国末年，吴主孙皓于甘露元年（265年）分拆桂阳郡，将桂阳郡的一部分划出来设置了始兴郡。始兴郡的治辖区，主要是现在的粤北各县市，其治所选在曲江（今韶关市区）。这次行政区划改革是粤北立郡之始。粤北可以单独设郡，充分说明其人口和经济已经有了一定的规模。

从两晋到南北朝，政权更替频繁，粤北境内郡县设置时废时兴。总的来说，由于特殊的地理位置的影响，粤北是此时岭南移民较为集中的地方，其直接表现就是设立的县级行政区划不断增多。虽然移民的具体情形无从稽考，移民的数量亦不得而知，但是隋唐以后，粤北社会、经济、文化发展在岭南处于领先的地位，从侧面说明了这种情况。如果没有中原移民带来的人口增长，以及先进的农业技术的引入和推广，很难对粤北在隋唐以后的发展作出合理的解释。

四、庾岭新道

阻挡中原人民进入岭南的障碍是高大的南岭。南岭由西向东，由越城岭、都庞岭、萌渚岭、骑田岭和大庾岭五座山脉组成，所以又叫五岭。五岭虽然山高林密，但是其间溪谷纵横，这些谷地流淌着分属于长江和珠江水系的河流，它们是唐以前沟通岭南和中国腹地的基本交通线路。秦汉时和南越的战争也好，使者的互相往来也好，所走的都是这些水道。

受河流的长度、水位的变化、河流的顺逆、河流的地理状况、河流与河流之间连接的方便程度等多种因素的影响，水道的交通和陆路交通比起来，无论在人民的来往上，还是在货物的输送上，总是受到太多的限制，在古代尤其如此。这是唐以前岭南和中原腹地交往较少的主要原因，也是汉武帝以前岭南总是处于半独立状态的主要原因。

（一）庾岭新道

在唐代，由于一个人的出现，这种状态得到了巨大的改变。因为有了他，才有了岭南的大规模开发；也因为有了他，才有了宋元以后著名的移民聚集地珠玑巷。他就是张九龄。

公元 678 年，也就是唐高宗仪凤三年，张九龄出生在唐岭南道韶州曲江县，也就是今韶关市曲江区。张氏一族本是西晋司空张华的后裔，祖籍范阳方城县（今河北省固安县）。张九龄的曾祖名君政，从北方到岭南来任大唐的韶州别驾，从此张家落籍岭南。张九龄的祖父名子胄，做过剡县（在今浙江省）令；父亲名弘愈，任索卢（今广东新兴县）县丞；伯父弘雅，是岭南第一个明经及第的进士。张氏一门虽然所任职务都不算很高，但也算得上是岭南的望族。张九龄从小机

敏聪慧，努力向学，长安二年（702年）赴京应进士试中第；由于有人怀疑本次科场有人作弊，朝廷又重新组织了考试，张九龄再次中第。景龙元年（707年），张九龄应制举"才堪经帮科"，登乙第，拜校书郎。先天二年（713年），张九龄再应"道谋伊吕科"，得到即将嗣位的李隆基赏识，升任左拾遗内供奉。以后几经周转，渐次上升，终于在开元二十一年（733年）十二月拜中书侍郎同中书门下平章事，进入了宰相班子；开元二十二年（734年）五月任中书令，成为首席宰相。张九龄是岭南的第一个宰相，对开元

韶关张九龄墓

之治的维持有大贡献。开元二十四年（736年）张九龄罢相后，李林甫接任中书令，开元之治就结束了。张九龄还是盛唐的著名文人，也是当时文学集团的领袖人物。

　　早在开元四年（716年），张九龄还任左拾遗的时候，因为和宰相姚崇的关系不和睦，不得不以养病为由辞归故里。张九龄的故乡曲江，处于珠江的支流北江的最上游，而北江是由浈江和武江两江汇合而成。浈江古名浈水，源出江西信丰县大石山，穿大庾岭而入广东韶关；武江古名武水，源出湖南省临武县，穿骑田岭而入韶关。所以北江水道，在古代是沟通湘粤、赣粤的重要交通线路。大庾岭古名台岭，在战国末年即已成为交通要塞。秦时著名的横浦关，就在大庾岭上。因越人后裔梅鋗曾在此筑城，故大庾岭又称为梅岭。

　　至于大庾岭名称的来历，有两种说法：一种和梅鋗有关。据说梅鋗曾领兵随刘邦灭秦，留下部将庾胜兄弟守台岭，所以后人遂以大庾二字作为岭的名字。另一种说法和汉武帝时讨平南越国的楼船将军杨仆有关。据说杨仆在进入岭南击溃南越国军队后，因为台岭位置重要，曾留下裨将庾胜与其兄弟驻守。因他排行老大，所以称大庾。他死后，这里的人民为纪念他的功德，筑祠祭祀，并用他的名字作为岭名。大庾岭层峦迭嶂，壁立陡峭，多处地方崎岖难行，岭中原有一段古道，

但是因为缺少维护，已渐成废道，行人来往，苦不堪言。张九龄在《开凿大庾岭路序》描述这种情况说：

> 初，岭东废路，人苦峻极，行径夤缘，数里重林之表；飞梁嶫峨，千丈层崖之半。颠跻用惕，渐绝其元。故以载则曾不容轨，以运则负之以背。

交通如此艰难，非常不利于岭南和内地的交往，阻碍了岭南的发展：

> 海外诸国日以通商，齿革羽毛之殷，鱼盐蜃蛤之利，上足以备府库之用，下足以瞻江淮之求。而越人绵力薄材，夫负妻戴劳亦久矣，不虞一朝而见恤者也，不有圣政其何以臻兹乎？

唐时国家经济的重心，已经渐渐由中原向江淮越扬一带转移，而海外诸国也与中国"日以通商"，但是江淮和岭南间极不便利的交通却阻碍了两地之间的贸易，这不能不说是一个大问题。

于是张九龄向朝廷献状，要求在古道的基础上，新拓一条大道。朝廷很快回复，答应了修路之事，并委任他来主持施工。南岭主要由花岗岩构成，古人没有现代机械，他们是如何劈山开路的呢？有一种说法认为，古人很聪明，他们充分利用了岩石的物理属性，可能采取了一种叫做火攻堰取的方法，即先筑堰蓄水，然后以火暴烧，这样就可以使石头沿着那些细小的纹路破裂。南宋嘉泰二年（1202年），广东连州疏凿楞伽峡，就是采用此法。还有一种类似的方法，如成都都江堰宝瓶口的开凿，就是先将大石用火烧滚，然后用冷水激之，热石遇水，便自然裂开。此外，方以智著的《物理小识》，说以桐油、石灰与黑豆混合涂抹在石头上，将石头烧热，也很容易开凿。明代陆容的《菽园杂记》也说，用烧暴法烧石，比用凿子和铁锤敲打要容易很多。不论张九龄当时采取了什么方法，总之其难度之大，是可以想见的。

关于张九龄凿通大庾新道的事，当地流传着这样一个传说：

大庾岭山高林密，除了常有强人劫掠行商以外，还有山神出没，行人若是对山神不恭，就会遭到惩罚，重者失足落入山涧，轻者从山上滚落受伤。所以每到黄昏以后，大家都不敢过山。看到这种情况，

从京城回家探望母亲的张九龄非常焦急，就和家里人商量，要重新修葺古道。家里人一听，都非常赞成。母亲说："这是利国利民的大好事，一定要好好做，不要牵挂娘。"已经身怀六甲的妻子说："大丈夫立世，就是要为世人做好事。郎君能将路修通，是我和孩子最大的光荣。你放心，我一定竭尽全力支持你。"张九龄的弟弟张九皋、张九章也支持哥哥，说："兄长尽管去吧，母亲有我们照顾，你不用担心。"于是张九龄就向朝廷上书，讲了自己的设想。皇上很高兴，不但准了张九龄的奏章，还派了一队军士来帮助他。在当地官员的协助下，修路活动开始了。大家热火朝天，两班人白天黑夜轮着干，附近的民众都自发地组织起来，青壮年来帮助烧石开山，妇女们烧水送饭，谁也不偷懒耍滑。

工程的进度很快也很顺利，眼看着就剩下最后一块巨石了。只要凿开这块巨石，路就通了。可是怪事发生了，白天才在石头上凿出一条口子，到了晚上口子又自动合上了。如此反反复复，谁也没有办法。张九龄很着急，晚上连觉都睡不着。老百姓们看到这样，原来的热情也慢慢松懈了。有一些人还说："大庾岭上是不能开新路的，开了就坏了山神的风水。看看现在这样子，就是山神不高兴啦！"这些话传出来，大伙的情绪更低落了。张九龄的妻子跟着他，也一直在工地上忙碌。来的时候，张夫人已经怀了身孕，现在几个月过去了，临盆的时间也差不多了。原想着路修好了，就回家生产。可是现在工程受阻，张九龄一筹莫展，夫人也非常着急。她暗暗祈祷神灵，希望自己能帮助到丈夫。一个风雨交加的夜晚，张夫人做了一个梦，梦见一位身披黄金甲的神对她说，他是专门负责开山的巨灵神，只要张夫人愿意牺牲自己，在前半夜来到山上，将自己夹在石缝中祭山，石头就不会再合上了。夫人醒来，梦里的情景历历在目。想着张九龄凿路的艰苦，想着路修好后人民可以畅行无阻，她觉得牺牲自己也在所不惜；可是想到腹中快要出世的孩子，她却怎么也下不了决心。她披衣起床，一个人走到山上，来到了那块巨石旁。巨石有一间房子那么大，坚硬如铁，白天几十人辛苦凿出的一条缝隙，已经无影无踪。她抚摸着冰凉的石头，心里涌起无限的思绪，眼泪也跟着流了下来。如此一连过了三天，石头依旧白天裂晚上合，张夫人也夜夜来到石头前。第四天，她终于下定了决心，为了大伙千秋万代不再受折磨，牺牲自己和孩子。

这天晚上她服侍张九龄吃完晚饭，早早就对张九龄说要睡觉。等到张九龄睡着了，张夫人悄悄地起身，再看了一眼丈夫，然后走上山去。到了巨石前一看，白天的裂缝正在一点一点地合拢。张夫人不顾一切地挤了进去，用自己的身体挡住了将要合拢的石头。石头停止合拢了，张夫人也牺牲了。第二天，当大家来到巨石前，看到石中的夫人时，全都惊呆了。人们含着眼泪将张夫人抬出来，为她举行了隆重的葬礼。说也奇怪，当人们再去炸巨石时，巨石轰然一声就裂开了。大庾岭新路修成了，人们为了纪念张夫人，在半山腰为她修了一座庙，世世代代祭奠她。这座庙至今还留在岭上。

张夫人为修路献身的故事只是一个传说。我们在有关张九龄和梅岭新道的历史记载中并没有发现与此类似的说法。但它说明了一个问题，那就是当日修路之难以及张九龄为此所付出的巨大努力。《开凿大庾岭路序》描述了这种艰难的情况："开元四载冬十又一月，俾使臣左拾遗内供奉张九龄饮冰载怀，执艺是度。缘磴道，披灌丛，相其山谷之宜，革其坂险之故。"他亲自攀援山中，察看地理形势，然后利用农暇时间组织施工，最后建成了一条"坦坦而方五轨，阗阗而走四通"的大道。单以新道的宽度而计，古人一车二马，新道可以五车并驱，道路是何等之宽！有了这条"转输以之化劳，高深为之失险"的新道，中国南北的交通状况从此大为改观。从张九龄凿新道，一直到 20 世纪初粤汉铁路通车以前，这是连接岭南和内地最便捷、最重要的一条路。

（二）南北通途

大庾岭新道的开凿，对唐以后中国南北贸易的发展起到了巨大的促进作用。

由于海上贸易频繁，隋唐时的广州已经发展成为一个比较繁盛的港口城市。从这里乘船出海，近可以到东南亚各国，远可以到西亚、北非等地。张九龄凿梅岭新道时就说"海外诸国，日以通商"，因为新道开通，"于是乎据耳贯胸之类，殊琛绝赆之人，有宿有息，如京如坻"。广州的大批货物可以运到内地，"齿革羽毛之殷，鱼盐蜃蛤之利，上足以备府库之用，下足以赡江淮之求"（张九龄：《开凿大庾岭路序》）。崔诶《修路铭》也说新道开通后，"怀荒服兮走上京，达海

商兮重九译，车屯轨兮马齐迹，招孔翠兮来齿革，伊使臣之光兮将永永而无数"。据说当时广州的外国商船"不知其数，并载香药、珍宝，积载如山"（真人元开：《唐大和上东征传》），这些货物大多数是从梅岭道北上内地的。东南亚诸国的贡物，诸如象牙、沉香、珍珠、朝霞布、火珠、鹦鹉、猛火油、玳瑁、龙脑香等，也通过这条路来到长安。

此外，在大庾岭新路开通以前，驻守在岭南的军队所需的粮食，要由岭北走水路运过去，既费时间又耗人力。大庾岭新道开通后，兵部侍郎郑畋请求朝廷将岭南的食盐经营权委托给广州节度使韦荷。韦荷每年煮海取盐的价值，可达四十万缗。他通过大庾岭新道将这些盐运到江西一带出售，再买米运回岭南赡养士卒，不但军队的粮食供给问题彻底解决，而且可以取消荆、洪等地的漕运，大大减轻了朝廷的负担。

到了宋代，往来于梅岭道上的商旅更多，梅岭道的作用也就更加突出。北宋名臣余靖在《武溪集》卷5《韶州真水馆记》里说，从京都开封到岭南，先从汴水坐船直到淮水，再由堰道入漕渠，然后溯大江到梅岭，下船陆行，越过梅岭道后，就可以下真水（浈水）直至岭南的东江、西江。万里长途，只有梅岭道九十里为马上之役，其余都是蒿工楫人之劳。与漓江道、武水道相比，这是一条最便捷的路，所以"下真水者十七八焉"。他赞美梅岭道将高山峻岭变成车马通途，说"峤岭古来称绝缴，梯山从

韶关风采楼余靖像

此识通津"（余靖：《武溪集》卷2《题庾岭三亭诗·通越亭》）。由于大庾岭南北两边的商旅众多，一些城市也应运而生。比如，"当岭表咽喉之冲"的虔州（今江西赣州），因为借助大庾新道，可以将北江支流浈水与长江支流赣水连接起来，所以成为"公私货物所聚"之地（王象之：《舆地纪胜》卷32《江南西路》）。

食盐在古代是非常重要的物资，汉以后基本上由官府垄断经营。因为与岭南交通往来便利，所以虔州很多人私贩岭南海盐到内地牟

利。每年秋冬农忙结束，这些私盐贩子常常数十人甚至上百人结为一群，全副武装，往来于虔、汀、漳、潮、循、梅、惠、广等州贩运私盐。为了打击私盐贩子，宋政府将位于大庾岭北边的虔州所辖的大庾县（今江西大余县）单列出来，改为带有军事驻防性质的南安军，专门管理食盐的运输和交易。当时通过大庾道的广东食盐数量之大，可以从政府的运量中看出来：宋仁宗庆历年间，广东转运使李敷、王镐上奏，请求将广州盐运到南雄以供给虔、吉两州，因为没有得到批准，所以就从南雄撤回了准备运过大庾岭的食盐四百余万斤。宋神宗元丰年间，每年又以粤盐一千万斤行销虔州和南安军。除了盐，通过梅岭道运输的重要物资还有粮食、铜、铅等。由于商业的发展，大庾岭南北各州的商税征收额也成倍增长。

明代，梅岭道上仍然一片繁忙。明人桑悦《重修岭路记》记载："庾岭，两广往来襟喉，诸夷朝贡，亦于焉取道。商贾如云，货物如雨，万足践履，冬无寒土。南安人有驴背辇载络绎，米、盐、器用，多货之所由出也。"（余光璧：《乾隆大余县志》卷18《艺文》）这里是外国使节入京的要道，来自东南亚各国的番舶使节络绎不绝。如永乐四年（1406年），来自东南亚各国的贡使要上京，因为农忙先停留在南雄州由广东藩司接待，结果竟聚集了交趾、占城等九国的贡使。明代梅岭道上的货物，最重要的还是食盐。明太祖洪武末年，下令南安、赣州、吉安等府改行广盐，梅岭道作为广盐北上咽喉之地的地位进一步得到巩固和突出。明英宗天顺二年（1458年），政府在南雄府城南设置了太平关，专门征收盐税用作军饷。明孝宗弘治年间，又在大庾岭的折梅亭设立关卡，对往来梅岭道的货物抽税。明武宗正德六年（1511年），又在章、贡两水汇合处的龟角尾设赣关抽税。六年后，因为反对的声音太大，才将折梅亭税关移到龟角尾。当然，除了食盐以外，

梅　岭

其他经由梅岭道南下的货物也非常之多，其中常见的有布、木、铁、皮、器皿、香、药、果、糖、象牙、玳瑁、乳香、苏木、蜡、番椒等，林林总总不下百种。

梅岭道在大庾岭上的最高点，也就是梅关，是赣粤两省的分界线。梅岭道由岭两边的南雄、南安两府共同负责维护，也共同享有货物转运带来的利益。为了公平起见，两边的人设定了一条规则，在梅关建了一个"中站"。两边的人运送商旅货物，只能运到中站，然后交给对方的人再接着运下去。后来，南雄的运者要求修改规则，因为他们发现从北方运到南方的货物，多是金帛等轻细之物，每月不足百驮；而从南方运到北方的货物，多是盐、铁等粗重的东西，每日就有几千之数。于是经过协商，两边又修改

梅 关

了规则，规定南雄的人运送南货到北方，可以直接送到南安城下；北方南安的人送北货下南方，也可以直接送到南雄城下。这样南雄运者的生意多，挣的钱也多。时间久了，南安的运者逐渐发现了其中的猫腻，就要求恢复以前在中站交换运送的旧例。南雄的人占着便宜，自然不肯答应。既然谈不拢，就只好诉诸武力，于是双方群起械斗，死伤了不少人，弄得商旅不通，而且一直持续了二十余年。这对南北贸易的影响太大了，最后还是由官府出面调解，经过多次协商，最终恢复了原来的中站转换之制。这一段历史，由时人张弼写成《梅岭路均利记》，刻在石碑之上立于路旁作为永久的纪念。

今日珠玑巷

需求创造生产。由于南货比较多又比较粗重，所以一方面要求运送者的人数多，一方面运送者要求休息的次数也多。为了满足这么多人的需要，沿梅岭南麓到南雄城一路的驿站和商铺一家挨着一家纷纷发展起来。有利可图，政府也不甘落后。明宪宗成化十二年（1476年），南雄知府江璞就"建屋百十二楹"，并起名叫通济镇，专门选择良民在此居住经商，政府的财政收入因之大为改观。通济镇以南，还有里东铺、石塘铺、沙水铺、长迳铺等集贸中心。其中，沙水铺就是沙水镇，后来又叫做珠玑镇，距离梅关大约30里。关于当时南雄沿浈水和梅岭道一线的商贸繁荣情况，明代诗人黄公辅有一首《过沙水珠玑村》诗，其中写道：

> 长亭去路是短亭，此日观风感黍离。
> 编户村中人集处，摩肩道上马交驰。

万历年间，意大利神父利玛窦曾在韶关停留数年传教，然后又从韶关经梅岭北上。在《中国札记》里，利玛窦写到他所看见的梅岭道情形是："旅客骑马或者乘轿越岭，商货则用驮兽或挑夫运送。他们好像是不计其数，队伍每天不绝于途。"黄公辅与利玛窦的说法不谋而合，充分证明了当时梅岭道作为南北交通咽喉的繁华程度。

利玛窦像

宋代载货太平车

（三）岭表开发

由于有了梅岭道，内地人口向岭南的移民大为便捷。唐初，由于战争的影响，全国的人口结构发生了较大的变化，中原地区的人口总量虽然仍居前列，但是占全国总人口的比重却下降了。同时，剑南、岭南等道的人口却持续增加，占全国人口的比重不断上升。据《旧唐书·地理志》，唐太宗贞观十三年（639年），全国共有10道，府、州358，县1551（一说1408），户3041871，口12351681。各道按户口数从大到小排列顺序为剑南道、江南道、关内道、河北道、岭南道、河南道、河东道、山南道、淮南道、陇右道，按人口总数从大到小排列顺序为剑南道、江南道、关内道、河北道、河南道、河东道、岭南道、淮南道、陇右道。岭南道（辖境相当于今广东、广西大部和越南北部地区）户口占全国11.75%，约35万户；人口占全国的5.20%，约64万人。

经过百余年的发展，由于没有大的战争影响，到了玄宗时期，北方地区得到了较大的恢复，人口重新兴旺。唐玄宗天宝元年（742年），全国15道的户口数从大到小排列顺序为河南道、河北道、江南东道、剑南道、河东道、江南西道、京畿道、淮南道、岭南道、山南东道、山南西道、关内道、都畿道、陇右道、黔中道；按人口总数从大到小排列顺序为河北道、河南道、江南东道、剑南道、河东道、江南西道、京畿道、淮南道、山南东道、岭南道、关内道、都畿道、山南西道、陇右道、黔中道。岭南道户口占全国的4.34%，在15道中居第9；人口占全国的2.28%，在15道中居第10。岭南道在全国所占的比重虽然稍有后退，但仍然处于中游，更重要的是绝对人口数和户口数有了很大的增长。从唐代留下来的数字看，天宝年间全国有户962万，人口5288万。由于当时有很多人没有被登记在国家的户口簿上（所以唐玄宗采用宇文融的建议，在全国范围内简括户口，也就是清查没有登记的流动人口。宇文融曾多次括户，其中开元十二年六月一次就简括到客户80万户，占全国总户数的11%～14%），一些人估计，天宝年间的实际户口数可能达到了1300万户左右，人口超过7000万。按照岭南道户口和人口在全国所占的比重计算，天宝时期岭南道户口约有43万，人口总数在120万～160万之间。和唐初比起来，

岭南道的户口数目大约增加了 10 万，人口则翻了一番。这是用官方数字计算的大致结论。如果考虑到岭南是人口迁移的主要目的地之一，有很多流民没有统计在内，则其户口数和人口数还应该有所增加。

内地人口向岭南的迁移，因为地理地形的原因，南雄、始兴等粤北沿浈水一线地区得益较多。《旧唐书·地理志》载：唐玄宗天宝年间，韶州所领六县浈昌（后称保昌，即今南雄）、始兴、曲江、乐昌、翁源、仁化户数为 3.1 万，连州户数 3.2 万，整个粤北地区的总户数达 6.3 万，而当时广州（珠江三角洲一带）的户口数为 4.2 万。可见安史之乱以前，粤北地区的人口总数要多于广州，这也间接地表明粤北地区的农业开发程度要高于珠江三角洲地区。

南来的移民可以分为不同的层次：人数最多的应该是流民（详见下章），也就是因为在原居住地失去土地而流入本地的农民。他们带来了北方比较先进的耕作技术，同时在新的地方开辟土地，是促进岭南经济和社会发展的基本力量。还有一部分是商人或者士人。就现有资料而言，我们可以看到唐代有许多士人因为各种原因——或者任职，或者被贬谪——到了岭南。他们或者短期停留，或者从此扎根，但都对岭南在文化思想上的进一步儒化起到了极为重要的作用。韩愈、刘禹锡是这些士人中的主要代表。唐贞元十九年（803 年）冬，监察御史韩愈获罪，贬连州阳山令。韩愈到阳山后，曾感叹阳山乃"天下之穷处也"。为了改变阳山的落后面貌，他不仅办学校来促进儒家文化的传播，而且通过施行仁政来推行儒家的主张。韩愈的到来，如同一缕阳光，开启了阳山的未来。清代《阳山县志序》说，在韩愈未到之前，阳山是荒凉僻远的瑶乡，人民尚未开化，韩愈教百姓读书识字，知制度，讲文明，才使鸟言夷面之地转为文明衣冠之乡，蛮横无理之民化为礼义谦让之士。元和十年（815 年），刘禹锡贬任连州刺史，同韩愈一样，他也以移风易俗为己任，在连州大力举办教育，同时积极发展生产。在《连州刺史厅壁记》中，他说自己的心愿是要使"功利存乎人民"，也就是为老百姓谋利益，这正是儒家治世思想的积极表现。在连州期间，刘禹锡共撰写了散文 25 篇，诗歌 73 篇，其中包括《插田歌》、《采菱行》、《连州腊日观莫徭猎西山》和《蛮子歌》等诗歌，给连州人民留下了宝贵的文化遗产。

刘禹锡像　　　　　　　　　　　韩愈像

　　韩愈和刘禹锡都是暂居粤北，而比他们早将近一百年的曲江张九龄家族，是从粤北成长的盛唐士人的杰出代表，也是南来移民群体中的最优秀代表。张氏家族从范阳迁来粤北，先住在始兴，后来迁到曲江。张九龄的伯父张弘雅是岭南第一个应明经科的进士；张九龄自己也从进士，一直做到宰相，对盛唐的政治和文学发挥了非常大的影响，被后人誉为"当年唐世无双士，自古南天第一人"。张氏一门中，张九龄的仲弟张九皋弱冠举孝廉，辗转多地任职，最后做到南海太守摄御史中丞；幼弟张九章也做到了州刺史，最后为岭南经略节度使。张氏一门的后人，也多有出仕者。当然，因为张九龄的关系，张氏后人的迁转也许比较特殊。但总的来说，唐时岭南虽仍属于荒远之地，开放程度较之内地低许多，但因为经济重心已经渐渐南移，以及一些中原士人因为各种原因来到岭南的缘故，岭南落后的状况正在逐步改变。

五、珠玑魅力

　　有了庾岭新道，才有了珠玑巷在移民史上的地位。如前所述，在张九龄凿通新道以前，也陆续有经由南雄南下的移民，但是其地位并不特别突出；新道凿通之后，其他几条道路的作用渐趋式微，而大庾岭—祯水一线则地位上升，成为沟通岭南和内地的主干线。

　　珠玑移民包括了两部分：一是从北方及其他各地来的移民进入到珠玑巷一带留居，这是珠玑巷人口的入迁；二是人口从珠玑巷一带再向南方珠江三角洲一带迁移，这是珠玑巷人口的出迁。两者都属于珠玑移民史。珠玑巷居民的入迁集中在两个时期：一个是唐末五代，一个是南北宋之交。这两个时期，都是典型的乱世，也是人口大迁移的时期。入迁的具体情况如何呢？我们先从珠玑巷的得名说起。

（一）珠玑得名

　　越过大庾岭南下大约 30 里，有一条不大不小的河流，名叫沙水河。河水清澈见底，四季常流。沿着沙水河畔，是三三两两的小村庄。村里的人口并不多，生活过得很艰辛。这里虽然没有连绵的高山，但还是山区，只有沿河一线的狭窄平原可以耕作。虽然越过不远处的大庾岭就是江西，但是山道崎岖难行，又有军人把守，日常过往的客商并不多。这样的生活已经持续了成百上千年，人们早已习惯了。然而，因为一个人的一件事，这里竟然旧貌换新颜，变成了一处繁华之地。这个人就是曲江的张九龄，这件事就是大庾岭新道的开凿。

　　因为有了大庾岭新道，成全了沿路的一个又一个村庄。旅店、饭店、杂货店、土产店，鳞次栉比地开了起来，男人们或者做生意，或者帮行商们运货过岭，总之每天都有事干。这里成了一个吸引人的地

方，有许多北方人携家带口而来，开荒耕田，在此扎下根来。随着人口的不断增加，更多的田地开辟出来了，更多的房子盖起来了，更多的店开起来了。原来的小村庄，不知不觉间竟变成了一个一个的镇子。

沙水镇只是这许多个镇子中的一个。和其他镇子一样，这里的人们也早出晚归到大道上谋生。没有人想到，有一天，这里会和遥远而威严的皇帝联系起来。然而，这样的事情偏偏就发生了。

镇里的敬宗巷里，有一户姓张的人家。在四乡八里，张家虽然没有人做官，家境也只能算是中等，但却有点名望，因为人人都知道，张家是一门七世同堂。张家的始祖名叫张辙，辙的儿子叫兴，兴的儿子叫昌。辙已经年过百岁，但身子骨还算硬朗。当时是昌主持家里的日常事务。昌很孝敬，每天都到父亲和祖父的房里请安，大事小事都要和老人商量。有了昌的带头，张家的儿子们、媳妇们，不论年岁和辈分的大小，都识大体、明事

张昌故居供奉的张昌像

理，一家子人口虽多，却没有人见过为了钱财或者其他家庭琐事吵吵闹闹的事情发生。

"人生七十古来稀。"在古代，由于受到医疗和生活水平的制约，人们的平均寿命并不长。唐朝人的平均寿命，也就是30岁左右。张家的人如此高寿，已经足以让人羡慕；家风又是如此的好，羡慕之外又让人觉得肃然起敬。按照惯例，一地出了百岁以上的老人，地方官是要向朝廷上报的；一地出了有名的孝子烈女，也是要向朝廷上报的。张家的这两条都占齐了，更没有理由不让朝廷表彰。韶州的官员写了表章送往长安，很快皇帝的批复就来了。除了大力表彰

珠玑古巷

之外，还特赐了一条珠玑绦环。这可是莫大的荣耀，张昌谢了皇上的隆恩，将珠玑绦环恭恭敬敬地供奉了起来。

这是唐敬宗宝历元年（825 年）的事情。

在张家得到御赐珠玑绦环的第二年，也就是 826 年，敬宗皇帝李湛被宦官谋杀了，死时年仅 18 岁。朝廷群议，皇帝的庙号叫敬宗。因为皇帝的庙号用了"敬宗"两个字，为了避讳，一切民间用到这两个字的都要改掉。沙水镇敬宗巷当然也不例外。可巧，张家的珠玑绦环是敬宗所赐，于是大家计议，干脆用珠玑二字作为巷子的名称。沙水镇敬宗巷就这样改为了沙水镇珠玑巷。

这就是珠玑巷名字的由来。屈大均的《广东新语》和黄香石的《藤阴小记》均有记载。

（二）避难珠玑

开元二十四年（736 年），著名的贤相张九龄罢任中书令，李林甫掌权。李林甫虽然颇有办事的才能，精明能干，但是心胸狭窄，口蜜腹剑，为了巩固自己的权位，对上奴颜婢膝，对下打击报复，盛唐的政治生活开始进入黑暗期。

天宝三年（744 年），唐玄宗纳寿王妃杨玉环为贵妃以后，杨氏家族权倾朝野，炙手可热。在李林甫死后，杨国忠等嚣张跋扈，政治更加黑暗。同时，唐代的社会矛盾也已经积累到了一定的程度。唐初实行均田制，基本上实现了"耕者有其田"，并在此基础上实行了兵农合一性质的府兵制。武则天以后，均田制逐渐破坏；到了玄宗时期，已经坏到了面目全非。贵族豪强以及佛道寺观等势力，不断地兼并土地，以致"富者兼地数万亩，贫者无立足之地"。在一个农业社会里，土地是最重要的生产资料，解决好土地问题是维持社会稳定的基础。当许多下层人民失去赖以生存的土地时，社会矛盾的激化就不可避免，这个王朝的根基也就动摇了。随着均田制的破坏，流民日益增加，府兵制推行不下去了，玄宗听从宰相张说的建议，招募新内阁彍骑充当京师的卫戍部队，其结果是中央政府控制的军事力量严重削弱。与此同时，边境节度使的权力却越来越大，不但拥有了自行征兵的权力，而且逐渐控制了所在地的财政、行政等权力，"既有其土地，又有其人民，又有其兵甲，又有其财富"，俨然是一个个小型王朝。

随着唐朝中央政府和地方的关系由早期的"内重外轻"逐渐转化为"外重内轻"，危机终于爆发了。天宝十四年（755年），身兼范阳、平卢、河东三镇节度使的安禄山起兵作乱，安史之乱爆发。中国又进入了一个长达八年的混乱时期。

大规模的战争常常使人口急剧减少，但同时，战争时期也往往是移民的主要时期。前文说过，安史之乱前，唐朝户籍人口有接近5 300万，实际人口为7 000余万。安史之乱平定后的763年，唐朝户籍人口下降到

安史之乱

1 700万，即使加上没有登记的流民、客户等，估计总人口也不过2 000万左右。中原已经是一片血海，那就只有往相对太平的江南去；江南也不太平了，那就往更远的岭南去。岭南是荒远的地方，受战争的影响相对较小，还有大片的土地等着人们去开垦。安史之乱爆发的时候，大庾岭新道已经修好30多年了，南北的交通已经顺畅，于是一批又一批的流民开始涌入岭南，这种情况在战后尤其显著。据《新唐书·徐申传》载，徐申在安史之乱后40年出任韶州刺史，刚来的时候，因为受战乱的影响，韶州的户口只有区区7 000，但是六年之后，户口就增加了一倍半。六年间户口可以增长一倍半，显然是由于大量移民涌入所致。

唐代末年，全国性的社会大动荡又一次出现了。黄巢带领的农民军席卷了大半个中国，起义军不仅杀贪官豪强，也杀普通百姓，以至于所到之处十室九空，赤地千里。《旧唐书·黄巢传》说，关东往年饥荒没有粮食，人们太饥饿了，走不动，只好靠在墙上，黄巢军队围困陈州，由于没有粮食，就抓人来吃，每天吃掉好几千人。黄巢军中有几百个磨盘，就把人活生生放在里面，磨了来吃。事实上，无论黄巢的农民军，还是趁乱割据一方的大小军阀，没有一个不疯狂杀人的，屠城和其他各种名堂的集中屠杀举不胜举。在这种情况下，刚刚有所

恢复的人口又一次大幅度地减少了。

　　黄巢的起义军先在福建、广东一带活动，杀了许多人。然后他们越过南岭向北，转战到长江流域，再向北到黄河流域，每到一处都有战斗和屠杀，在黄河流域杀人尤其多。在中原战鼓连天的时候，岭南总算是暂时安静了，而且胡作非为的藩镇也集中在北方，于是又有无数的难民流向岭南。黄巢的军队主要在广州抢掠，粤北、粤东等地区并没有遭到大的破坏。流民或者取道福建进入嘉应、惠州，或者取道江西进入韶州。一时之间，这些地方的人口不减反增。如孔子后裔孔闰，就是在此时迁居南雄的北方难民。

　　公元907年，唐朝灭亡了，取而代之的不是另一个统一的政权，而是更为混乱的地方军阀割据。这就是五代十国。唐末，刘隐、刘汉兄弟割据岭南，他们在岭南开科举，并大量运用因避难而云集岭南的中原士人治政，使岭南处于相对安稳的发展之中。917年，刘龚称帝，建国号南汉，也沿袭了其兄长的政策。刘氏的小政权在前数十年里比较稳固，也比较注意发展生产，由此，吸引了许多外地移民的入迁。北宋著名政治家、文学家欧阳修，在给同时代的一位粤北籍名人、兵部尚书余靖的神道碑（为去世的人写的碑文）写序时说，余氏的祖先是福建人，就是在五代动乱之际逃到了韶州。

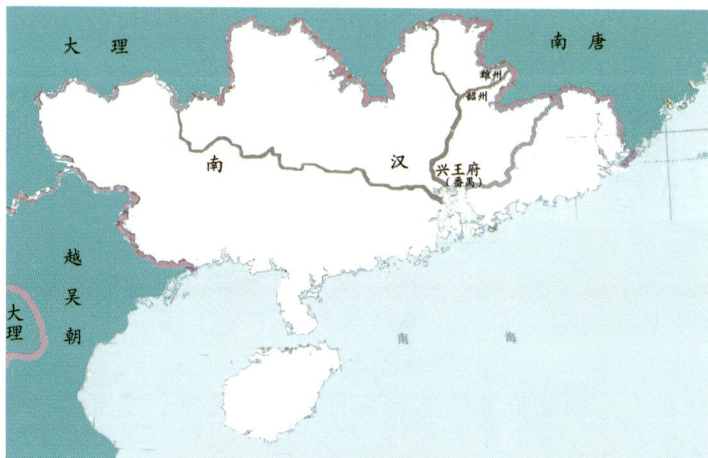

南汉疆域略图

　　今天，珠玑巷和珠江三角洲许多人家的族谱，仍然记载着远祖在唐末五代从内地向南雄珠玑巷迁移之事。比如：

（佛山）《区姓五代及北宋远祖纪略》：

远祖讳观昱，字景和，十岁丧父母。至五代后梁太祖乾化年间，由金陵迁居广东韶州九曲岭。迨晋高祖天福丙申，复迁保昌县之棉圃村。

（佛山）《何氏水本源记》：

岭南衣冠之族，多出于南雄保昌珠玑巷。余何氏之始祖本由此出……至唐时有讳鼎者，其子泽，父子皆登唐大中进士。泽之子昶石，（后）晋朝官拜侍御史参军，自城祖起四十一传，即今我何氏始祖也。宦居南雄，卒于国难，尸逆流三十里，州人神之，立庙于沙水村后。

（南海）《冯氏族谱序》：

按冯氏系出北平龙城，五季时讳业者避地南迁，因即番禺而家焉。玄雄徙居南雄……

（南海）《孔氏家谱序》：

岭南一支则自四十一代散骑常侍始……至散骑常侍，曾祖谏议大夫，镇岭南有惠政，后遭唐季河北多难，散骑遂避地之粤，始居南雄。

《简氏宗族源流》：

南海县：黎涌房，堂匾曰全忠堂，始迁祖一山配蔡氏，子文会。唐亡后，五代后梁时避契丹患，由古名范阳涿州宦游岭外，旅南雄，渐至广州。南汉时命子文会卜居黎涌乡。

《高要县志初编》卷三（1947年）：

荔林孔氏：唐散骑常侍孔昌弼，避朱温篡乱，南迁南雄府保昌，平林为孔氏入粤之祖。

此外还有南海何氏、南海姚氏、顺德简氏、顺德张氏、顺德冯氏、顺德何氏、恩平张氏、开平张氏、东莞陈氏、东莞卫氏、台山谭氏、高要朱氏等，都是在唐宋之际迁来南雄珠玑巷一带。

南雄在唐五代时所吸收的内地移民，拉开了两宋岭南移民运动的序幕。这一时期定居南雄的移民，成为日后迁往珠江三角洲的珠玑移民的主要来源之一。

（三）宋室流离

公元960年，宋太祖赵匡胤发动陈桥驿兵变，夺后周政权，建立宋朝。开宝三年（970年），宋以潘美、尹崇珂为将，从郴州（今湖南郴州）南下，讨伐南汉。开宝四年（971年）二月，宋军下广州，南汉主刘鋹素服投降。随着宋太祖、宋太宗兄弟陆续消灭各地的割据势力，到了太宗太平兴国四年（979年），五代以来中原和江南分裂割据的局面又一次结束了。

赵匡胤像

北宋的统一虽然不能和汉唐相比，但毕竟算是统一了。然而，危险的种子也在这时埋下了。在北宋的北面，是契丹建立的辽。辽不仅控制着长城以北的广大区域，还控制着长城以内的燕云十六州。"卧榻之侧，岂容他人鼾睡！"于是太宗发动了两次对辽战争，然而结果很不如意，太平兴国四年（979年）的进攻失败了，雍熙三年（986年）的进攻又失败了。此后，宋始终没有取得对北方少数民族政权的优势地位，朝廷所能采取的措施只有两条：一是妥协与退让。对辽是"岁币"，对西夏是"赐银"，对金是交易，一切都是花钱买和平。二

北宋疆域略图

南宋疆域略图

是以敌制敌。金成长的时候，幻想着借助金的力量消灭辽；蒙古成长着的时候，又幻想着联合蒙古来消灭金。结果，狼虽然没有了，更为凶猛的狮虎却成长起来。就是在这样长期的苟且中，1127 年，北宋灭亡了。

北宋的灭亡，还附带着莫大的耻辱。金人不仅把风流才子宋徽宗和他的儿子宋钦宗，以及后妃、皇子、宗室、朝官等三千多人尽数掳走，宋朝的宝玺、舆服、法物、礼器、文物、图册等，也被洗劫一空。

靖康二年（1127 年）五月，徽宗的第九个儿子、钦宗的弟弟赵构，在南京应天府（今河南商丘）即位，重建宋王朝，改元建炎，这就是南宋。因为既害怕如狼似虎的金人，也害怕起来反抗金兵的中原百姓，仅仅过了五个月，建炎元年（1127 年）十月，宋高宗赵构就带着他的宠臣们，从应天府沿运河逃到了扬州，宋廷开始由北方南迁。然而，一味的苟且与退让只能表示出自己的无能与懦弱，不但丝毫不能阻止敌人的攻势，甚至还助长了敌人的气焰。建炎二年（1128 年）末，金兵大举向江淮进犯，几个月之后兵锋已经直至扬州。赵构再一次仓皇逃命，先是逃到了镇江，接着又逃到了杭州。为了安抚内部的主战力量，更为了保住自己的皇位，赵构把江宁府（今南京）改为建康府，把行都移到建康，表示自己要在这里指挥江淮一线的抗金斗争。然而这一切都是虚假的姿态，是做给那些希望抗争的力量看的；背地里，赵构仍然派人去乞和，可是，连敌人也瞧不起懦弱的人，金人就是不答应。建炎三年（1129 年）十月，金军大将兀术领着大军渡江南下，宋高宗又逃到了杭州。兀术一路进逼，赵构就一路逃跑，先从杭州逃到越州（今浙江绍兴），又逃到明州（今浙江宁波），再从明州坐船遁入大海，逃往温州。金军追不及，于是掳掠了大批的财物准备回去。走到镇江的时候，幸好有大将韩世忠，将兀术的十万大军围在黄天荡里，打了一个胜仗，算是给了金人一些教训。以后，由于四川守将吴玠、吴璘兄弟和岳飞的英勇

韩世忠像

054

抵抗，总算是将战线稳定在了秦岭至淮河一线，南宋偏安的局面正式形成。

当高宗仓皇逃命的时候，宋哲宗皇帝的废后隆佑孟太后也在逃亡的路上。孟太后本是哲宗的皇后，人品端正，因为受人诬陷，被削去后号而出居瑶华宫。汴京陷落的时候，宫里有位号的嫔妃被金人尽数掳走，孟太后却因已被废而逃过一劫。本来，金人扶持了张邦昌做伪皇帝，可是张邦昌在金人退后自去帝号，又将孟太后请出来，让她垂帘听政。孟太后本来贤淑，听说康王赵构尚在，于是极力扶持赵构做皇帝。赵构即位，尊孟太后为隆佑太后。

隆佑太后随着宋廷南渡，先是扬州，再是杭州，最后到了建康。建炎三年（1129 年），金人分两路南侵，高宗向海路逃亡，隆佑太后则在刘宁止等人的护卫下，带领着大批的文官和后宫人员逃往洪州（今江西南昌一带）。这是一个艰难的路程：太后的大队人马，在过鄱阳湖星落寺的时候，船翻了，溺死了十多人，幸好太后无事。刚到了洪州，追赶的金兵已经从蕲春、黄州渡江，直奔洪州而来。于是太后带着大家，再一次向南流亡，到了吉州（今江西吉安），还没有休整，金人就快到了，大家只得乘船夜行。天快亮时，船到了太和县，可是船夫们起了骚乱，护送的大将四厢指挥使杨惟忠兵败，死伤了一百六十多个宫女，几个顾命大臣也无影无踪，只剩下了不到一百士兵。这一队人马再次仓皇向南，隆佑太后和随行的潘妃连轿子都没有，只能请当地农民弄了个简单的肩舆抬着，一直逃到虔州才算喘了一口气。

（四）珠玑魅力

当北宋破灭，赵构和隆佑太后带领的南宋小朝廷一再逃亡的时候，大量的中原士民也跟着开始了向南方的迁移。《建炎以来系年要录》卷 86 说："中原士民，扶携南渡，不知其几千万人。"《宋史》卷23 说："民皆渡河南奔，州县皆空。"又说"高宗南渡，民之从者如归市"，"金兵陷扬州，士兵随乘舆渡江，众数万"。这些跟着赵构向南方跑的"民"，当然绝大多数还是士族官僚，而不是一般的普通人家，小户人家是没有钱财做这样长途的流亡的。

北人南来的情况，宋人庄绰在他的《鸡肋篇》中有一句很好的话："建炎之后，江、浙、湖、湘、闽、广，西北流寓之人遍满。"江

苏、浙江、湖南、湖北、江西等长江中下游地区早在唐时已经有了比较好的发展，宋代更是全国的经济重心。北宋政府每年的岁入，就多半来自于这一地区。所以这一次的大迁移，还是以这几个省份为主。但是庄绰的话也告诉我们，进入福建和两广的人也不在少数。这是自然的事情，因为中原来的人太多了，而福建和两广的人口相对比较稀少，有大片的土地等待开垦，正是中下层的流民落脚的理想之地。

两宋之际移民进入广东的主要道路有两条：一条是江浙海道。当宋高宗从明州遁入大海逃亡之时，江浙一带亦有数十万军民随之浮海南下。他们中的不少人后来在福建沿海一带定居，也有一部分人到了粤东沿海。一条是大庾岭陆路。移民们从江浙转往江西，再越大庾岭，就进入了粤北地域。相比而言，陆路的交通比水路方便，而且自从张九龄凿通大庾岭路七百余年以来，此路都是南北的交通要道，移民商旅络绎不绝，所以理应会有更多的流民选择此道进入广东。和前代的移民一样，这些新移民先是居住在珠玑巷一带，然后再陆续沿着北江进入珠江三角洲。

我们还是举地方志和族谱中的一些例子来看看当时中原流民落寓粤北的情况：

（佛山）《霍氏家谱序》：

我祖得姓实自霍叔食封于霍邑，汉春秋而上为太原人，故今子孙著姓犹曰太原郡。云宋靖康时避狄难于广之南雄珠玑巷。或曰秦时徙中国民五十万填实南粤，我祖从徙，遂世为南雄人。

（佛山）《梁氏族谱序》：

余宗系出闽之泉州。宋南渡时中原多故，有祖讳熙学者，为赐太师越国公。讳格次子，流寓韶州南华寺，继迁南雄保昌沙水里珠玑巷。

（顺德）《黎氏族谱》：

"始祖黎文卿公……公之先，东汴州

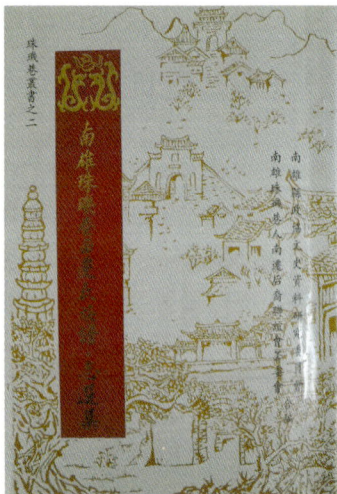

南雄珠玑巷南迁氏族谱、志选集

人也，奕世衣冠，赵宋南渡时徙保昌珠玑巷。

（南海）《聂氏家谱》：

振乐翁随宋南渡，莅任南雄始兴县令。

（东莞）《袁氏族谱序》：

东莞茶山袁氏旧藏宋谱及图凡三十卷……至宋朝而一世祖讳祯，当南渡时由江西袁州府，迁广东省南雄保昌县大庾岭麓珠玑巷柯树乡。

（南海）《傅氏族谱》：

至宋来南雄之祖，讳举良，字镇南，系南雄保昌县沙水村珠玑里，实为我祖之旧居。

（高明）《程氏族谱源流叙》：

未几，金人寇入河南，程氏之子孙避难四出。宣义郎昂，明道之孙，汝阳主薄端懿之子也，由伊阳携谱牒奔岭南，寓居珠玑巷。

（东莞）《翟氏族谱》：

太始祖梅坡公……先世居汴梁，后迁金陵，转休宁县之贤之福里……宋室南渡，公已老，致仕家居，诸子奉公南迁。

《新会县乡土志》：

石头陈族，系出陈猷，其先汴梁人，金人陷汴，迁南雄珠玑里……又有陈珠者，亦于南宋初自汴迁南雄。……邑城尚书何坊族……因宋南渡，徙南雄。……李姓，始祖中原人，迁新会分三支：一支为七堡李姓，入粤始祖在宋靖康期间迁南雄珠玑里。

当然，中原士民往粤北的迁移并不仅仅是在两宋交替之际的数十年间。在此前后，或者说在整个南北宋期间，都有一部分家族因为做官等各种原因，陆续转往粤北定居。例如：

《新会县乡土志》：

谭族……共分两派，其一曰慕凌派，远祖宏帙，自北宋建隆三年，由江西虔州入粤。先居雄州保昌县珠玑巷，后迁韶州仁化县，再迁广州。

河塘容族，其先敦煌人。……宋初，有容沙者为南雄保昌令，因居留南雄珠玑里。

小冈梁族，入粤始祖子美，字才甫，灏之孙。宋大观中，官至中书侍郎，由山东郓州入广东，居始兴郡。子绍进士，为广东提刑司干官，迁南雄珠玑里。

《吕氏迁徙广东纪》：

始迁广东一世祖仲卿，其父从简，来自河东，于宋雍熙甲申调官南雄别驾，继宋福建漳州府，转授福建漕运。秩满不仕，退居饶州槎平乡，适遇烟岚瘴疠，复迁于南雄陵江沙水村居焉。

（新会苹岗）《宋氏族谱序》：

夫宋氏谱所载讳开宗字肇雄号庚峰者，乃南宋江左中之望族。进士溲周，公之吉嗣，而鹤山宋君章郁等之始祖也。孝宗时随其父莅任广东保昌县署，日与南雄士大夫游，悦其地山水之清秀与风俗之勤俭，爰卜筑珠玑巷内，以长育子孙。

宋嘉定十年甲申成文的《黄氏家谱序》（江夏合族谱）：

祖元方翁仕晋……永嘉末，随父渡江居闽之乌石山，今侯官黄巷即旧亲所居之址。……至一百零九世祖昌，为南雄太守，入籍珠玑巷，因官而居此焉。娶宋氏，生二子，长曰澄溪，次曰澄乐。澄溪族居福建莆田。澄乐官历谏议大夫，娶殷氏，因携家复居福建莆田。生二子，（曰）长曰居政，次居富。居政翁于元祐年间，孝宗癸未，虏数侵，南渡中兴。居政翁积学，淳熙二年乙未科状元詹骙同榜进士，任西蜀成都府绵州知州，聘入天章阁大学士侍制论事，老则出为广南都曹运使，升英州即韶州是也，官都曹运使中奉大夫，后世为命，祀为珠玑不迁之始祖也。

（汝南第冈）《周氏大宗全谱并序》：

> 凤冈翁姚娶管氏，恩授广东宣教，任满值干戈扰攘之际，就南雄郡保昌县沙水村珠玑巷而家。

（番禺古坝）《韩氏族谱序》：

> 番禺古坝之韩，南渡之后，寓会稽，世乡公相传官而谪广南者，因家南雄珠玑巷。

一些研究者还特别指出，以珠玑巷为中心的南雄地区对移民的吸引力，还表现在许多家族不是从北向南迁移，而是从南向北迁移，也就是从南雄以南的地方，即宋代的韶州、广州等地沿北江逆流而上迁往南雄。

从韶州北上迁往南雄的有区姓、张姓、梁姓等家族。前引《区姓五代及北宋远祖纪略》已说区姓远祖在五代后梁乾化年间，先从金陵（今江苏南京）迁到了韶州九曲岭；后晋高祖天福丙申年（947年），又由韶州北上迁到了保昌县棉圃村（在珠玑巷的附近）。

成书于明代嘉靖十九年（1540年）的《张氏族谱序》（新会）说："吾张氏远祖九龄，世居曲江。至五世纲，徙居南雄府保昌县沙水村。"张氏家族本居范阳，其定居韶州，是在张九龄的曾祖父张君政任韶州别驾的时候。到了张九龄，张氏已在韶州生活了四代；到了张九龄的第五代孙张纲，张家已经有八代人在韶州生活。张家这样根深叶茂，却从韶州北迁南雄。

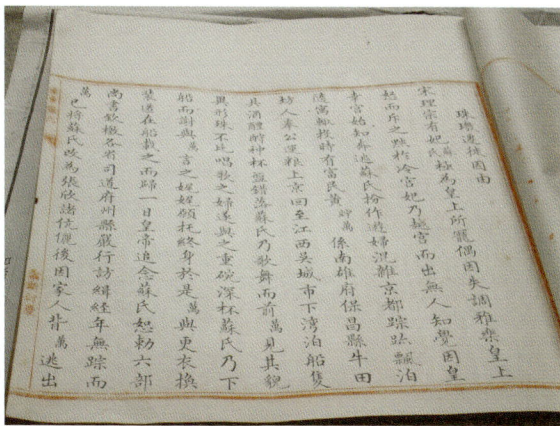

《罗氏族谱》一页

前引《梁氏族谱序》成文于明洪武三年（1370年），其中说到其祖先从福建泉州"流寓韶州南华寺，继迁南雄保昌沙水村珠玑巷"。

自珠江三角洲迁往南雄的有尹氏、冯氏、冼氏等。

《尹氏四谱纂修后序》：

祖讳烈，字武仲，南渡辅驾有勋，以茂方授官惠州海丰尉，擢宰博罗，摄东莞，家焉。子四人……本支俊卿公，生二子，长春华，次即始迁祖也，讳春秀，字廷显，号见龙，娶汪氏。由东莞迁南雄，复迁龙江。

《冯氏族谱序》：

按冯氏系出北平龙城，五季时讳业者避地南迁，因即番禺而家焉。玄雄徙居南雄……

鹤园《冼氏家谱》：

我房其先徙居南雄珠玑巷，即宋保昌县。咸淳末，保昌民因事移徙。有讳衍深者，率其族复还广州，居南海县扶南堡。

冼氏本来居住在广州附近，据说是岭南的土著之后。因为冼夫人曾经协助南陈的皇帝陈霸先，又曾经平定过广州的乱局，所以名声大振。冼氏的分支很多，据《冼氏家谱》说有二十八房。其中的一支，先由广州迁到了南雄珠玑巷，咸淳末年的时候又由珠玑巷迁回广州。

《叶氏族谱序》：

随稽南雄珠玑巷而来，则有颙公之孙讳行甫，居茶园，生六子，择地分迁。次祖仲亿公同弟仲伸公，迁南雄珠玑巷而居……

叶氏先由珠玑入东莞，又复迁珠玑，后于咸淳八年再度入粤中。

《夏氏世系流源考》：

太祖讳疏，字子乔，宋朝为仁宗拜相。京出河南，至二世祖安期公，随高宗南渡，始至浙江，在浙江传至东隐公，即子乔公制七传裔孙也。后东隐公自浙江游学于南雄珠玑巷。盘桓岁月，娶妻雷氏，乃生五子……时咸淳九年，岁次癸酉，因度宗胡妃至雄，上令行查迫切，祸及南雄珠玑巷，彷徨携眷逃走，乘桴顺流至东州江口……得抵羊城。后思故土，命长子邦福夫妻回浙复雄旧址，于今为盛。

夏氏在宋末咸淳年间举族南迁广州，后又有一房复迁珠玑。

为什么在唐末到南宋末的这大约五百年的时间内，珠玑巷可以吸引这么多的移民呢？曾祥委、曾汉祥主编的《南雄珠玑移民的历史与文化》总结出了四条原因：

一是交通因素带来的经济繁荣。从古至今，交通在经济发展上都发挥着关键的作用，位于主要交通节点上的地方经济常常比别的地方发展快，有的还发展成为大都市。大庾岭新路凿通以前，沟通内地和两广的主要路线是湘桂走廊和骑田岭—武水一线，而在新路凿通以后，大庾岭—浈水的路线逐渐取代了前两条路线成为最主要、最重要的南下通道。

珠玑巷所在的位置，正好处于南雄县城和大庾岭的中间一段。《广东通志》卷113《山川略》14引《大清一统志》说：大庾岭离保昌县（即南雄市）有80里，而同书卷88《舆地略》也说南雄州离北边的大庾岭82里。那么珠玑巷在哪里呢？《广东通志》说，珠玑巷所在的沙水镇在保昌县东北30里的地方。据此推断，珠玑巷离南雄县城30里地，离大庾岭50里地，处于两地的中间偏南处。古人的交通工具，最主要的是两条腿，比较有钱的人家可能会乘轿子（轿子在南宋以后才逐渐普及）或者骑牲口（大部分情况下是骡子或者驴子，骑马的人相对较少）。在这种情况下，一天的行程大约是100里路。如果要从江西到广东，由大余出发，走几十里到大庾岭，翻过山岭，再走几十里路，到了珠玑巷一带，也差不多要休息了。所以《开平县志》卷二说珠玑巷繁荣的原因，是因为"由中原入广东必以珠玑巷停驿"。从广东北上的行旅也一样。如果从南雄县城出发，走30里地到珠玑巷，休息一下过梅关也好，住一宿养精蓄锐等第二天过岭也好，总之在南雄城和梅关之间需要一个休息的地点。张九龄凿通大庾岭后，沙水镇一带的驿站就纷纷发展起来，到了宋代，政府还在沙水镇设置过沙水驿，后来又设置了专门负责治安的沙角巡司。

交通位置带动了沙水镇及周边村庄的发展。据历史记载，珠玑巷最繁华时的店铺超过千家，有人形容这里是"南来车马北来船，十部梨园歌吹尽"。从盛唐以后到粤汉铁路开通以前，这里繁荣了一千多年。这种情况，我们在上一章已经有过交代了。

二是相对安定的环境。从北方迁移到岭南的移民，除了秦汉时期

以军事移民为主之外，以下各代都是以躲避北方的战乱为主。他们背井离乡千里奔波，就是为了找个和平些的生存环境。在南宋末之前，南雄（乃至整个岭南）一直保有着相对安定的环境，北面险峻的南岭，在阻碍南北联系的同时，也将战火阻隔在北边。所以，当中原血流遍地的时候，岭南往往受到的影响不大。例如，黄巢义军从福建转战广东，是经过广州北上，粤北受的影响并不大。宋室南渡之初，隆裕太后奔赣，金兵穷追到虔州，但始终没有越过南岭。难民们越过大庾岭，就到了一个相对安全的地方。

三是适中的距离。与其他农业民族一样，汉族历来有安土重迁的传统，不管境遇如何，总眷恋着故土。即使因为战乱不得不逃亡，战火一熄，多数人就思量重返桑梓。例如，晋朝人避难远奔交趾，万里迢迢之途，到乱后又照样回迁。因此，在有可能选择暂时栖息地时，常要考虑回迁的方便程度。对有宋一代动乱仍频的赣南、闽西一带的难民来说，珠玑巷最符合这个条件：路途不远，交通方便，环境安定，自然成为避难的首选之地了。

四是广阔的拓展空间和较好的生存条件。从大庾岭沿山谷间的驿道到达珠玑，面前是一望无际的南雄盆地。南雄南北 18 公里，东西 40 公里，等高都在海拔 200 米上下，土地平旷，水网交集，而且有大量未垦殖的土地，北面又有连绵的大山和茂密的森林，可以提供户材桁梁、樵采薪刍。这块土地，一直地广人稀。据《晋书·地理志》，晋代始兴郡统曲江、桂阳、始兴、含洭、浈阳、中宿、阳山七县，相当于今日包括韶关、清远两市在内的整个粤北地区才有 5 000 户。到了唐代以后，由于大庾岭的开凿，南雄地处交通要冲，人口密度相对会高一些，但也没有超过每平方公里 25 人。因此，有广大的拓展空间可供生存、发展，可以吸引移民居住。

六、珠玑南迁

前面说了移民迁入珠玑巷的情况，现在要说说移民迁出珠玑巷的情况。还是先从民间故事开始吧。

（一）胡妃事件

珠玑巷人口的大规模南迁，始于南宋末年。其缘由，据说是因为一位姓胡的女子而起。民间称之为胡妃事件。

宋度宗咸淳年间，皇帝在明堂举行盛大的祭祀典礼。这可是一件大事，上上下下都忙着做各种准备工作。度宗朝里有一位权倾朝野的大臣，名叫贾似道，官拜平章军国重事，晋位太师。朝廷有这样的大事，贾似道自然是骨干人物。这次祭祀，就让他做了大礼使，也就是一切礼仪工作的总负责人。贾似道是宋理宗嘉熙二年（1238年）的进士，历官多年，不但深明礼仪制度，做事也精明干练。

到了这一日，皇帝带着文武大臣到了明堂，一切都井井有条，礼仪进行得十分顺利。仪式一结束，皇帝驾临景灵宫，然后回到太庙休息一宿。谁知当晚天下大雨，一直到第二天雨还下个不停。皇帝在太庙也不能老呆着，到底走还是不走呢？殿门外当班的人已经准备好了玉辂（皇上在重大的仪典活动中专门乘坐的大轿），只等着贾似道的命令。贾似道的意思，是等雨停

据说建于元代的胡妃塔

063

了再走，免得皇上冒雨乘玉辂。可是这时有一个人出来对皇上说，陛下还是现在走的好，玉辂乘不得，臣在门外已经为陛下另准备了小轿子。这个人是谁？此人姓胡名显祖，是度宗的嫔妃胡妃之父，现任宫内带御器械之职。度宗问，这么大的典礼，我不乘玉辂而乘小轿子合不合礼仪？有没有这样的先例？胡显祖就举出一件旧事来，原来本朝宁宗开禧年间，也有一次天下大雨，宁宗皇帝欲乘玉辂而不得，于是改乘了小轿子。虽然有了先例，度宗皇帝还是拿不定主意，毕竟皇帝乘坐小轿子不合体统。于是又问宰相的看法怎么样？胡显祖回奏：宰相已经答应了。于是度宗就在显祖的护拥之下，冒着大雨，乘小轿子到了和宁门。

百官一见皇上乘轿而来，大为吃惊，不知皇上为何不乘玉辂。一切仪式结束，贾似道便向皇上上表，说：臣为大礼使，负责陛下的行动安排，可是陛下的举动，臣却不得与闻。臣无能无德，不能得陛下的信任，已无颜面留在朝廷，请陛下罢臣之职，放臣归老田园吧。于是把家里的东西稍作收拾，当日就出了嘉会门。度宗一见，这事情闹大了。本来贾似道充任大礼使，是应该由他负责安排，而且皇帝乘坐小轿的确有失体统，这事不能怨贾似道。于是连下三道诏书挽留贾似道，贾似道一见皇上的态度，也就不再讲回家的事了。贾似道还朝，可是事件的始作俑者还需要处理。度宗皇帝降诏，革去胡显祖官职，又将胡贵妃逐出宫门，削发为尼。

却说胡贵妃出了宫门，到了宫里安排的庵里，剪去一头青丝，整日只是念佛打坐，也并不和别人多言多语。时光荏苒，转眼间便是春去秋来。忽一日黄昏，胡妃一人独坐，只见庭前黄叶，衬着几缕残阳，纷纷坠落，不由得想起了尘世间的繁华种种，自己正当年少青春，却要伴着一卷佛经了此余生，不由得心头发酸。思来想去，终于下定决心，要从庵里逃出。

过了几日，胡妃趁着宫里看管的人不备，就偷偷出了角门，一路快步下山。到了山底的树林里，又换了平常人家的衣服，来到码头，随手叫了一叶小舟，就此飘然而去。

话说南雄县珠玑巷有一个富户，姓黄名恒泰，又名贮万，专靠往京里运粮营生。这年秋天，黄员外又运了几船的粮食上京，赚了不少钱。买卖毕了，黄员外乘船回粤，不消一日，船到江西吴城。看看天

色将晚，黄员外便吩咐下人：今晚就在吴城安歇，明晨早早起船上路。众人欢呼踊跃，七手八脚就收拾好了东西。当下泊了船，上岸先寻了一家酒馆，美美地吃了一顿，直吃到月兔东升、万蛙齐唱之时，才找了一间熟识的客栈，大家各自要了房安歇。黄员外年纪稍大，一时睡不着，正闲得发呆，忽听的外面有人歌唱，不由得掀起帘子往外一瞧。黄员外这一看不打紧，平白惹出了一场事端，弄得几十姓人家背井离乡。

黄员外瞧见了什么？原来是一个女子，衣衫褴褛，正被一群人围着，在那里抚琴卖唱。黄员外听到那歌声，宛转悠扬，该高处直插云霄，应低时恍若秋水，每一声出，都唱得人心头发颤。员外不觉入了迷，又往前走了几步，看到那女子，却是一个年轻貌美的少妇：娇娇身段，婀娜如弱柳扶风；细细娥眉，宛转似黛山一线；两睛如漆，看人时似愁还怨；十指如葱，捻弹中宫商齐鸣。黄员外一时看得呆了。等到一曲终了，众人都散了，员外上前，恭恭敬敬地问：敢问小娘子姓甚名谁？为何流落到这般田地？如不嫌弃，可否到客舍一叙？这小娘子见问，忍不住扑扑垂下泪来。员外再三追问，于是便这般这般，将缘由讲了一遍。原来这娘子，就是从庵里逃出的胡妃。只因孤身无依，又怕被人发现，不得已改换装束卖唱为生，一路且唱且行，不想就流落到了此处。

黄员外听了，心里甚是同情。因说道：在下姓黄，是广南路保昌县人氏，靠运送粮食上京为生，如今尚未成亲，家里虽不甚富裕，然亦不乏衣食。娘子若不嫌弃，在下愿意携娘子同归岭南一起过活，不知娘子意下如何？胡妃正在无依无靠之时，遇见这么一个机会，又见黄员外无甚恶意，就答应下来。长话短说，两人晓行夜宿，不到一日，回到雄州保昌县牛田坊。外人问起，只说小娘子是北方的远方亲戚，因为家中无人，所以前来投靠。

却说自从胡妃走后，度宗皇帝颇为思念。本来想着过一段时间，再将胡妃接回宫内，谁知胡妃却不辞而别。度宗皇帝一怒之下，严敕兵部尚书张钦行文各省辑访，务必找到胡妃。但是人海茫茫，到何处去找？张尚书找了几年也没有发现胡妃的影子，只好上奏章，将寻访不得的情况备述一遍。度宗皇帝也没有办法，况且时日既久，当初的满腔怒火也慢慢消掉了，于是便降下诏书，不再追究此事。按说如此

一来，胡妃逃亡之事就算了结了。可是树欲静而风不止，这时偏偏有一个名见经传的小人物出来。此人信口雌黄，将这堆快要熄灭的大火，又重新燃了起来。这个人是谁？原来是黄恒泰的一位家丁，姓刘名庄。只因一次小小的事故，被黄员外责罚，于是便背主逃出。这厮逃到外面，见朝廷正在寻访胡妃，于是逢人便讲，一时间众口相传，很快就传到了京师兵部衙门。

若是按照常情常理，这兵部既知道了胡妃在保昌县牛田坊黄恒泰家里，就应该立即前往缉拿才是。可是，自古做官的精明赛鬼，个个都知道上面的政策是一回事，政策怎么执行、执行到什么程度又是另一回事。这个权衡的标准，就是自己的利益。对自己有利的，当然起劲地执行；若是对自己不利呢，那行动就大打折扣，或者干脆演演戏给外人看，根本不来真的。比如说这抓人，如果真想抓，那就会做得滴水不漏，一切都是秘密行动，早把各种可能出现的情况都估计在内；可若是不想抓呢，那就会大张旗鼓，你看他又是调兵遣将，又是锣鼓开道，弄得消息早就传了出去，等浩浩荡荡一队人马扑过去，人犯早没有影儿了。胡妃若是没有消息，那负责辑访的官员既不会因此而受赏，也不会因此而受罚，此事就不了了之；可是胡妃有了消息，先前负责辑访的官员就有了办事不力之嫌。所以说找到了胡妃，到底是功还是过，那还真说不准。如果上面查究下来，追问为什么当初没有用力办差，降级丢官甚至下狱的可能性都有。这么一合计，有关部门就觉得事情严重，绝不能让皇上知道贵妃在牛田坊这件事。于是兵部牵头，会同五府六部各个衙门，密行计议，要清洗牛田坊，让知道此事的所有人都消失掉。

计议已定，兵部便向皇上上表，称南雄府保昌县牛田坊一带，有贼人作乱，杀掠四乡良民，需出兵剿匪。于是皇帝降下旨意，准许在保昌县牛田坊地方，择地建筑寨所，聚兵镇守。兵部得到旨意，立刻调派兵马，准备前往牛田坊。

世上没有不透风的墙。话说牛田坊有一户人家，主人姓罗名贵，本是贡生出身。他有个女婿，叫做梁乔辉，当时在京都任兵部职方司，听到了这个消息，着急万分，晚上回家，便和夫人商议，想救老丈人的性命。当晚就派了一位家人，星夜兼程前往保昌县，将消息告诉给罗贵。

等到朝廷正式的命令到达，要将牛田坊五十八村的居民集中起来，尽数搬迁到一起的时候，珠玑巷的九十七家居民，已经在罗贵的带领下，拿着县太爷发给的通行证，南下冈州了。

故事讲到这里，有些事必须向读者交代一下。

胡妃的故事并不完全是空穴来风。贾似道确有其人。此人本是南宋末年的权臣，字师宪，台州（今浙江临海）人。贾似道的父亲贾涉，曾经做过制置使，但贾似道年轻的时候却很不得意。官运不通，便整日游手好闲，净干些赌博游戏的事。贾似道的发达，得力于他的姐姐。宋理宗的时候，贾似道的姐姐入宫，得到理宗宠爱，很快升了贵妃。这时贾似道因为父亲的关系，正荫补着嘉兴司仓的小官。现在姐姐发达了，贾似道也由皇帝下诏赴廷应对，由于贵妃的关系，擢拔为太常丞、军器监。有了大靠山，贾似道越发得意，白天在妓院里打发日子，晚上就带着女人们

南雄珠玑巷胡妃雕像

乘船，在西湖上饮酒歌舞作乐。理宗曾经在夜里凭高远眺，看见西湖中灯火辉煌不同一般，就对左右说：这一定是贾似道。第二天一问，果然没错。理宗让京尹史岩之找贾似道谈话。谈完了，岩之却对皇上说：贾似道虽然少年放荡，但是却很有才能，可堪大用。

从那以后，贾似道的官就升得特别快，36岁就做了宝文阁学士、京湖安抚制置大使。以后又迅速提拔，宝祐四年（1256年）贾似道43岁时，升了参知政事，第二年又加枢密院事。在宋代，参知政事是副宰相之职，可以参与国家大政方针的制定，其实际权力往往还在宰相之上，是文官之首；枢密院掌管武事，是武官之首。贾似道这两个职位到手，等于是将文武大权都抓在手里了。贾似道的权势之热，有一件事可以为例：宝祐二年（1254年），孙子秀被任命为淮东总领，这时外面忽然纷纷传言，说贾似道向皇上密奏，不可任命此人为此职。丞相董槐听到了，害怕得不得了，散会后专门留下来问皇上是否有这

回事，皇上说没有，可是董槐最终不敢给孙子秀发任命书，最后干脆用贾似道喜欢的陆蟄取代了孙子秀。

南宋理宗开庆元年（1259年），蒙古人以宋违背盟约为理由大举南侵，理宗于军中拜贾似道为右丞相，率军在湖北御敌。这时宋兵正和蒙古兵在湖北东南的陬县展开拉锯战，城池几次易守。贾似道从汉阳入陬城督师，双双激战。贾似道看到蒙古军势大，就密遣宋京到蒙古军中请和，条件是宋向蒙古称臣并纳岁币。第一次去蒙古人不答应，恰巧元宪宗死了，蒙古人不想再战，贾似道第二次再遣人请和，蒙古人顺水推船就答应了。过了不久，贾似道乘着留守的蒙古兵不备，杀了百来个人，就捏造战绩，说自己大破蒙古军。理宗不察虚实，还以为贾似道有再造大宋之功，于是举行了盛大的仪式，以少傅、右丞相之职召贾似道还朝。以后，贾似道又排除异己，彻底掌握了权力。

理宗驾崩，贾似道扶立度宗皇帝，从此对皇帝自称师臣。朝中大小事务，都是贾似道说了算，其权势之炽热，没有一个人比得上。贾似道这样大的一个权臣，连皇帝都得听他的，别人谁敢得罪他呢？可是胡妃的父亲，也许是不经意间吧，就得罪了贾似道，于是招来了一场大祸。

度宗祭祀遇雨的事，《宋史·度宗纪》有咸淳八年九月辛未日"明堂礼成，祀景灵宫，还遇大雨，改乘逍遥辇入和宁门，肆赦"的简略记载，可见其事非虚。《宋史·奸臣传·贾似道传》对这件事的记载还要详细一些：

八年，明堂礼成，祀景灵宫。天大雨，似道期帝雨止升辂。胡贵嫔之父显祖为带御器械，请如开熙故事，却辂，乘逍遥辇还宫，帝曰平章云云，显祖绐曰："平章已允乘逍遥辇矣。"帝遂归。似道大怒曰："臣为大礼使，陛下举动不得预闻，乞罢政。"即日出嘉会门，帝留之不得，乃罢显祖，涕泣出贵嫔为尼，始还。

宋末名士周密，写了一本记述当时轶事逸闻的书，叫《齐东野语》，其中也有一段类似的记载，而且更为详尽。据周密所言，度宗咸淳壬申那一年，皇上到明堂祭祀，先一晚到了太庙安歇。晚上要乘大辂出发的时候，忽然天下大雨。大礼使贾似道想让皇上等雨停了再走，而摄行宫使带御器械胡显祖却请皇上仿照开禧年间的旧例，不要

乘大辂而换乘逍遥辇走。皇上性子急，就答应了。这时另一位官员曹核，联合另外两官员陈伯大、张志立上奏，请皇上戴上通天冠，穿上绛纱袍，一身正式的打扮，乘着逍遥辇进入了和宁门。贾似道认为，既然已经让百官们穿着常服侍驾，皇上就不应该自己独自穿正式的礼服。现在，不但皇上出行的问题，而且穿着问题都没有按照大礼使贾似道的意见处理。这可是严重的事情，所以仪式一结束，贾似道就向皇上请辞。以贾似道的影响和权势，他请辞可是不得了的事。皇上只有让陈伯大、张志立两人待罪；将胡显祖削职，发送到饶州居住；又将曹核刺字发配，连曹核的儿子也贬谪了。胡显祖的女儿是宫里的美人，胡是因为女儿的关系才升的职务，现在父亲犯了事，美人胡氏也受到牵连。皇上下诏：将美人胡氏的名号削去，送到妙净寺，削发为尼。

以上几种史料，可信度都相当高。民间的种种传说，只是将一些细节处弄混或者弄错了：比如说胡显祖的女儿是地位高得多的妃而不是普通的美人；有的材料说胡美人是显祖的妹妹；还有的材料将胡美人变成了苏妃、荪妃、宫女苏氏；更离奇的是一些家谱说胡美人是因为有一天晚上与皇上"失调雅乐"，也就是性生活不协调所以被打入冷宫，后来私自潜逃。但是从上面所引的几种材料看，事件的概貌并没有十分离谱。

可是，传说中因为黄恒泰私自隐匿胡美人而导致珠玑巷居民要被灭口的事情则过于传奇化，其中经不起推敲之处太多：比如说胡美人的逃跑。胡美人既然做过宫里的美人，即使被贬，也会受到一定的监视，逃跑的可能性并不大。即使真的逃跑了，又有哪一个平民有胆量偷娶皇宫里的前美人为妻？此外，政府有关部门想要通过荡平牛田坊来隐瞒自己无能的事情同样经不起推敲：首先，相关部门不一定要为没有寻访到胡美人负责，即使负责，也没有达到需要采取如此灭绝人性手段以掩盖事实的地步；其次，这么多部门联合进行、牵扯这么多层级的一次涉及数百甚至上千人生死的大规模清剿行动，其真实理由竟然可以不被朝廷知晓，这简直就是电影里才有的事情；再次，如果有关部门敢于屠村灭口，那么罗贵等人也绝无可能逃脱，岂能通过举族远走他乡而避祸，并且远走之时还能得到政府的批准？

胡妃故事发生的时间，《钱塘遗事》说是咸淳壬申（1272 年）九月；《小榄麦氏族谱》说是宋度宗咸淳八年（1272 年）九月；《市桥

谢氏族谱》只说是宋季，还有的说是绍兴元年（1131 年）或者开禧元年（1205 年），期间出入百年有余。陈乐素先生在《珠玑巷史事》中对此作了比较详细的辨析，这里摘引部分文字如下：

关于南迁的传说，大抵来源相同而有互异之处。黄慈博先生在遗稿（指《珠玑巷民族南迁记》）中曾以三个不同姓的家谱、族谱相对校。三个家谱、族谱是：东莞英村罗氏族谱、新会泷水都莲边里麦氏家谱和番禺市桥谢氏族谱，而以罗谱作底本。现将其中主要部分节录如下：

……

上刊的一篇记载，在叙述南迁原因和过程方面是相当完整的，但文字不甚通顺，又显非宋代的文书样式。（指官府开给罗贵等人的文引，下文会涉及）更明显的矛盾是，宋代无岭南道；只称南雄州，不称南雄府；地方亦无省之称；政府机构，无"五府"之称。时间上，罗谱作"绍兴元年"，谢谱作"开禧元年"，麦谱作"咸淳九年"，有差距，特别是绍兴和咸淳，南宋初与南宋末，相距一百多年。又所谓南雄富民黄贮万"备船运粮上京"，这样一条水路是没有的。而大致与此相同的传说，还不止于以上三个谱；甚至疍民的家谱中，也有这样大致相同的传说记载。

传说同出一源，在若干年月里，各据听闻，各参己见，因而存在着种种矛盾之说，这并不奇怪。从南雄称"府"一语，可以说明从口传到笔传，已经是到了明代，是明朝人的记载了，矛盾是多的……

上述的历史，说明两次大迁徙：一次是在北宋末、南宋初，避乱的度岭寄寓南雄；一次是在宋末、元初，他们的子孙后代，从南雄更南下珠江流域一带，但族谱的传说记载，却把两次事件合而为一，有些说，时在绍兴；有些说，时在开禧或咸淳。至于所谓从冷宫逃出来的妃子，罗谱说是苏妃，另一些族谱，如小榄麦氏族谱则说是胡妃。前人已经指出，这事是从宋人说部如《齐东野语》、《咸淳遗事》等记载演变而成。

按《宋史·贾似道传》述胡妃事如下：

咸淳八年，明堂礼成，祀景灵宫。天大雨，似道期帝雨止升辂，胡贵嫔之父显祖为带御器械，请如开禧故事，却辂乘逍遥辇还宫。……帝遂归。似道大怒曰："臣为大礼使，陛下举动不得预闻，乞罢政。"即

日出嘉会门。帝留之不得。乃罢显祖，涕泣出贵嫔为尼。

胡妃（一说苏妃）为尼，传说借此演变为潜逃出宫为游妇，随黄贮万归南雄，再构成南雄居民因此事被逼南迁的故事。这些虚构的故事，与当时的历史事实不符，不须穷究。

胡妃的事情，可以告一段落。接下来我们要说另一个人——罗贵，引领大家南迁的事。

（二）罗贵南迁[①]

却说兵部发兵要清洗牛田坊五十八村，一时之间人心惶惶，个个长吁短叹，不知如何可以逃过这一劫。只有珠玑里的九十七家居民没有惊慌失措。为何？原来罗贵得到消息，早就召集了大家商议，当时人言纷纷，计议不决。罗贵说："如今中原已经被金人占领，江淮一带又人烟稠密，只有南方烟瘴地面，地广人稀，一定有好地方可以安居，大家不如向南方去。如果碰到了那些山水适宜，田野宽平，又无土豪恶霸把持的地方，大家开辟天地，建立家园，然后共结婚姻，那不是还和现在住在珠玑巷一样吗？"众人议论了一番，说："这次逃生他乡，要不是贵公出力，大家没有机会逃生。我们大家都听贵公的安排吧！"当下九十七人歃血为盟，起誓说："我们九十七户人家，因为罗贵公的恩德，才能逃生，将来有一天如果藉着罗公福气，能遇见那肥美之地，大家分居安插之后，各姓子孙，一定不能忘记今日。如果子孙后代贫富不一，富的人要建祠奉祀，穷的人要同堂共餐。我们都受到贵公的恩泽，以后子孙万代都不能忘；我们九十七户人家要世世相好，永远不起内讧。"盟誓完毕，罗贵将早已准备好的一张文书拿了出来。大家一看，原来是要向本县递交的珠玑巷九十七户人家集体迁徙申请书。申请书是这样写的：

赴始兴县告案迁徙词

牛田坊十四图珠玑村贡生罗贵，居民麦秀、李福荣、黄复愈等，团为赴难，俯乞文引蚤救生灵事。贵等历祖辟住珠玑村，各分户籍，有丁应差，有田赋税，别无亏缺，外无违法向恶背良。为因天灾地劫，

------

① 以下所述的事件和各种材料，均来自黄慈博先生的《珠玑巷民族南迁记》。黄先生所列出的有关迁移材料，俱以东莞英村《罗氏族谱》为底，同时参照了其他一些族谱。

民不堪命，十存四五，犹虑难周，及今奉旨颁行取土筑作寨所，严限批行，下民莫敢不遵，贵等思得近处无地堪迁徙，远闻南方烟瘴地面，土广人稀，田多山少，堪辟住址，未敢擅自迁移。今备签九十七名，历情赴大人阶下，伏乞立案批给文引，经渡关津岸陆，俾得路引迁移，有地安生，戴恩上词。

迁徙词的大意，是说我等村民，自古以来就在珠玑巷居住，大家都遵纪守法，没有任何偷漏赋税之事。现在因为年景不好，大家活不下去，再加上朝廷要求大家限期离开此处以腾出地方建造寨所，所以不得不走。我们听说南方地广人稀，田多山少，可以活命，所以很想迁去，但是又不敢擅自行动。现在我们九十七人联名写了申请，请大人立案，然后开给我们路条，使我们能够顺利通过各个关卡，找个可以重新安生的地方。多谢大人的恩德。

宋高宗绍兴元年（1131年）正月初五大家将申请书递交到县衙，知县严统化批示：请上报知府衙门批准施行。

于是大家又写了申请书给知府衙门：

赴南雄府告案给引词

始兴县牛田坊十四图珠玑村岁贡生罗贵，居民麦秀、李福荣、黄复愈等，连名团为逃难，俯乞文引蚤救生灵事，贵等历祖辟住珠玑村，各分户籍，有丁应差，有田赋税，别无亏缺，外无违法向恶背良。为因天灾地劫，民不堪命，十存四五，犹虑难周，及今奉旨颁行，凡民莫敢不遵，贵等团思近处无地堪迁，素闻南方烟瘴地面，田多人少，堪辟住址，未敢擅自迁移。今开居民九十七人，团情赴大人阶下，伏乞立案，批给文引，经渡关津岸陆，度众生早得路迁移，安生有址，沾恩上词。

绍兴元年正月初十日，团词人罗贵等。

知府钟文达接了申请，批词如下：

查得贡生罗贵等居民九十七人，原系珠玑村属人也。词称迁移之故，行虑集兵之扰，非有禁过之例，准案给引，此照通行，方至止处，即传该掌官员，告下复引，毋遗。

吏房书吏黄英茂行。

072

知府钟文达既然批了，底下自然不敢怠慢。当下吏房的办事秘书黄英茂就根据批示写了一份正式文引（路条）给了罗贵等。文引如下：

本府文引

岭南道南雄府为逃难给引早救生灵事，本年正月十三日，据始兴郡保昌县牛田坊十四图珠玑村，贡生罗贵等连名呈称前事，内开：为天灾人祸，民不堪命，十存四五，犹虑难周，及今奉明旨颁行筑土设寨所，因思近处无地堪迁，远闻南方烟瘴，地广人稀，堪辟住址，未敢擅自迁移等情到府，据此案查民贡生罗贵等九十七名，案非恶孽民氏，为此合就行给文引，批限起程。凡经关津岸陆　此照通行　毋得停留阻禁，方到此处，合应行赴该府州县属立案定籍，缴报文寅尉造册转报施行。

绍兴元年正月十五日　给限四月二十日。

文引的下面，签上吏房书吏黄茂英行的字样。

当年迁徙者的名单，黄慈博先生根据《罗氏族谱》做了罗列，同时又仔细与其他族谱对比，找出了许多的不同之处。现在也一并附在这里：

珠玑南迁雕塑

073

计开赴难团词人九十七名

据市桥《谢氏族谱》抄本亦载此，共九十八人，惟多讹草，中有陆阎圣（以此名为首）、罗元鼎、黄志经、陆世珍、罗之贮（冯同）、罗悦秀（冯同）、黄生逯、冯因条八人，为罗谱所无，余有同异而已。

罗　贵　谢谱有，冯谱作贵祖。

麦　秀　谢谱作麦舜，冯谱亦作秀。

李福荣　谢、冯谱有。

李应元　谢、冯谱有。

伍　悦　谢、冯谱有。

吴孟魁　谢、冯谱有。

谭君可　谢谱有，冯作居可。

张汝学　谢、冯谱有。

冯彦彩　谢作马彦，冯同。

冯三才　谢、冯谱有。

陆道思　谢、冯谱有。

梁　准　谢、冯谱作继。

麦信可　谢作超，冯作照。

吴仲贤　谢、冯谱有。

黄复愈　谢、冯谱有。

陆以信　谢、冯谱有，冯又云：别无以字。

曹一常　谢、冯谱有。

郑二元　谢、冯谱有，冯谱郑作邓。

周彦才　谢、冯谱有。

谭广信　谢谱作广作，冯同。

冯元昌　谢、冯谱有。

胡汉瑞　谢、冯谱有。

高易思　冯作易恩，谢谱作易昌。

黄　义　谢谱作黄义全，冯作黄年义。

何大参　谢谱作彦，冯同。

陈世卿　冯作陆世兴。

黄可润　冯作王可闰，谢谱作沙润。

周观达　谢、冯谱有。

赵世常　冯同，谢谱作峰，误。

梁弘益　谢谱作孔益，误。

周君义　谢、冯谱有，冯又云：别君作居。

陆云远　谢、冯谱有，冯又云：别作远信。

苏汝卿　谢谱有，冯作汝兴。

高子启　谢、冯谱有。

胡胜章　谢、冯谱有。

蔡春泽　谢谱作叶春泽。

吴国礼　谢、冯谱作国孔。误。

欧以信　谢谱作高以信。

陆润成　冯作闰成，谢谱作闾诚。

文可大　冯、谢谱作可泰。

黄仲贵　谢、冯谱作仲贤。

谭文广　谢、冯谱有。

黎人杰　谢、冯谱作仕杰。

李伯宗　谢、冯谱有。

李德裕　谢谱作德誉。

黎元海　谢谱作元满。

吴永奇　谢、冯谱有。

赵汝荣　谢、冯谱有。

湛英奇　冯同，谢谱作奇英。

黄文富　谢、冯谱有。

蔡二齐　谢、冯谱作三齐。

冯大泽　冯作元泽。

李子龙　谢、冯谱有。

黄天挺　谢谱作大廷，冯作大建。

梁淳化　谢谱作化道。

何汝祥　谢、冯谱有。

黄悦中　谢谱作悦志，冯同。

伍之露　谢、冯谱有。

卢明远　冯同，谢谱作达。

郭子交　谢谱作子文，冯同。

黄秀系　谢谱作至系，冯作者系。

阮可益　谢、冯谱有。

区孔道　谢、冯谱有。

高　速　谢谱作吕远。

汤　佐　谢谱作仁佐。

冯道立

黎圣进　谢谱有。

李圣悦　谢谱有，冯云：悦圣。

冯元泽　谢谱作元举。

陈子龙

谭广孚　谢、冯谱有。

周伯通　谢、冯谱有，冯又云：别通作道。

陈世兴　谢、冯谱有。

谢忠卿　谢、冯谱有，冯又云：别谢作谭。

黄圣永　冯同，谢谱作圣作。

陆荣泽　谢、冯谱有。

黄文礼　谢、冯谱有。冯又云：别黄作莫。

黎文达　谢谱有，冯作文远。

何鹏羽　谢谱有，冯作鹏远。

寥德举　冯同，谢谱作德峰。

吴仁礼　谢、冯谱作士礼。

黄　棠　谢谱作棠，冯作赏。

何一里　冯同，谢谱作一星。

伍显才　谢谱作显，冯同。

温大化　谢谱有，冯作汤大花。

尹中奇　谢，冯谱有。

黄元生　冯作悦生。

陈世道　谢、冯谱有。

李子才　冯同，谢谱作子材。

冯元愈　谢、冯谱作元俞。

黎成初

麦　全　谢、冯谱有。

冯德恩　冯作恩德。

周子远　谢谱作子远，冯作子达。

曹元瑞

九十七人名字的下面，还有《珠玑村三十三姓九十七人流徙铭》一篇。

珠玑村三十三姓九十七人流徙铭

珠玑流徙，罗湛郑张，尹文苏谢，陈麦卢汤。

温胡赵伍，曹欧李梁，吴冯谭蔡，阮郭寥黄。

周黎何陆，高发其洋，九十七人，开辟烟瘴。

三十三姓，永镇南方，子孙万代，为国栋梁。

文经武纬，愈远愈昌。

却说珠玑村三十三姓九十七人看到知府已经批准，大家便赶忙准备起程。这不是一次普通的旅行，而是一次不得不做的举家搬迁，是永远离开故土，去那未知的他乡寻找新的生活之处。洋溢在村民中间的，不是喜悦和兴奋，而是哀伤和无奈，以及对未来的担忧。可是，除了离开，还能有什么别的办法？毕竟，生存才是第一位的。

这是一次艰难的旅程。从南雄到广州，陆路是极难通行的，因为英德以北全是连绵的高山和丘陵。水路最便捷：浈江是北江的支流，而北江是珠江的支流，只要沿着浈江一路向下，便能到达入海口。在粤汉铁路通车以前，来来往往的旅客，数千年来走的就是这条水道。罗贵和他的队伍也不例外。可是，他们只是普通的农民，根本没有钱去造或者买一艘像样的木船。怎么办？还是用他们祖祖辈辈传下来的法子，砍来竹子，扎成几支竹筏。这一队脚穿草鞋，身着粗布衣服的乡民，就这样撑着竹筏，带着一家老小，还有那些舍不得扔掉的坛坛罐罐，离开了故乡。竹筏漂到连州口时，江上起了大风，竹筏在江里上下起伏，结果有些竹筏的绳子断了，竹筏散成了一根根竹子，几十人掉到了水里。这是正月里的江水，虽然说是南方，但水还是冰凉刺骨。人们在水里挣扎着，会游泳的人还好，不会游泳的只有绝望地呼号最后的几声。这无情的江水，转瞬间就吞噬了几十名男女的生命。这次迁徙，从正月十六开始，直到三月或者四月的二十六，才到了冈州大良都古郎、甲朗底村。他们在这里找到了一个名叫龚应达的当地人，在龚的帮助下，又陆续找了一些其他的当地人家，暂时寓居在这

六　珠玑南迁

广府文化丛书

些好客的原住民的草屋里。

　　等到一切都粗粗地有了头绪，在龚应达的带领下，罗贵又带着大家来到了当地县衙，向知县禀报九十七人前来落户之事。关于这件事，《罗氏族谱》也有记载：

赴冈州告案立籍 缱引词

　　为逃难案生团情事：贡生罗贵，居民麦秀、李福荣、黄复愈等，原籍南雄府始兴郡保昌县牛田坊十四图珠玑村，贡生罗贵等陈情，俯乞立案，安广州、冈州、大良等处定籍，安恤生灵，上缮国课事。贵等祖历辟住珠玑村，各姓开分户籍，有丁应差，有田赋税，别无亏缺，外无违法向恶背良，天灾地劫，民不堪命，十存四五，犹虑难周，及今奉旨颁行取土筑设寨所，严限批行无遗等因，近处无地堪迁，远闻南方烟瘴，土广人稀，堪辟住址，未敢擅自迁移，本年正月初十日，赴府立案批引，严限正月十六日起程，沿途经关津岸陆，此照通行。于本年四月二十六日，来到邑属冈州、大良都古朗甲朗底村，盘费乏尽，难以通行，借投土人龚应达草屋，未敢擅作窝兜。百口相告签名粘引，团赴冈州大人阶下，俯乞立案，安插各处增图定籍，保恤生民，仍乞批执照缱引施行，庶子孙万代，戴恩罔极上词。

　　绍兴元年五月初六日团情贡生罗贵等叩呈。

　　从这份文书可以看出，当年罗贵一行人来到广州、冈州地界时的困窘之状。他们走了三个月，直等到盘缠用尽，再也不能向南走了，才不得已停留下来。流民的艰辛困苦，由此可见一斑。冈州、大良都等，都在今日珠江三角洲的五邑一带，是广州偏西南的地方。推想原因，也许是因为广州附近已经开发了，新移民难以找到无主之地来安身，所以只得再往南去到冈州、大良都。在宋代，这里的许多地方很可

珠玑古巷

能还是海渍地，当地的居民不想耕种，正好给了罗贵他们一个机会。

冈州知县李丛芳阅完申状，写了一份批词，同意了罗贵们在冈州定居。

普天之下，莫非王土；率土之滨，莫非王臣。贡生罗贵等九十七人既无过失，准迁移安插广州、冈州、大良都等处，方可准案增立图甲，以定户籍，现辟处以结庐，辟地以种食，合应赋税办役差粮毋违，仍取具供结册，连路引缴赴冈州。

有了知县大人的批词，大家放了心。回来以后，家家都忙着找新的居住地。毕竟现在是借住在别人的家里，时间长了总不好。很快，各家都找到了自己的落脚地，于是你帮我，我帮你，盖起了几十间茅草屋，又将四周收拾整齐，粗粗地也像一个家的样子了。

房子的问题暂时解决，各家又忙着开辟土地，耕种庄稼。"人误地一天，地误人一年。"现在抓紧一点，今年就有收成，就不会饿肚子。有了房，有了粮，日子就稳了。

半年多的辛劳，收获还不算小。土地开发了不少，房子也增盖了几间。到了这年的八月，就收了第一料庄稼。于是又写了一份文书，具体说明南来开垦的情况，以便作为纳粮应税的根据。

下面是罗贵等新移民半年来的情况汇报：

罗贵等之供结

绍兴元年正月十三日，团情贡生罗贵等居民九十七人，蒙州官准案，逐一编定新图，开报排里，分住各村，具结报投州应造册务，大良都古朗底村开图居民新增都图，以定户籍，新充新图一甲里长罗贵、里排麦秀、李福荣、黄复愈、黎孔昭、吴孟魁、何大参、郑一元、胡汉瑞、赵世常等，今相与结为奉上明文行勘攒造黄册事，贵等原系南雄府始兴郡保昌县牛田坊十四图民籍，原住珠玑巷，为因天灾地劫民荒，及今奉旨颁行取土筑设寨所，严限批行，贵等备开九十七名，团赴本府蒙案批引迁移，来到邑属大良都古朗甲朗底村，下担歇脚，备情赴台，蒙准议增立图，编立十排格眼该掌约束九十七人，各辟土以种食，辟草以结庐，聊为窝兜，今蒙上取具供结应造册务缴引等因，遂一遵依，合同里排人户各备开单情由，逐一分勘，中间并无隐匿，

如虚甘罪，所供是实。

又有罗贵本人的专门汇报一份：

单开供状

立供状系南雄府岁贡生罗贵，年方四十六岁，系南雄府始兴郡保昌县牛田坊十四图民籍，住沙水村珠玑里，奉例告案批引迁移，来到邑属冈州、大良都古朗、甲朗底村，盘缠乏尽，难以通行，结草歇脚，备情赴州，蒙准批以增图立甲，以定户籍开辟新图，结草为屋，种蔬为日食，随时度活。今蒙上司明文行勘攒造黄册等事，罗贵户充新图第一甲里长，今将本家新收丁产，逐一开报，中间不敢隐瞒，如虚甘罪，所供是实。

计开男女人丁：

家男五口，男子未成丁四口。本身年四十六岁。长男大用，年方二十六岁；次男利用，年方二十二岁；三男巨用，年方一十八岁；四男期用，年方一十五岁。

男丁未成丁一口。妇女一口，阿郑年方二十岁。家仆二名，林昌、张进陞。

仆男未成丁三口，阿达、阿禄、阿胜。仆妇二名，仆女一口。

新收田产：

新收山塘田地共二十一亩二分二厘一毫，秋粮正耗纳米六斗四升三合二勺四抄。一田土名朗下底，一号共一十九亩一分二厘二毫，秋粮正耗六斗二升二勺三抄。一民田每亩三升，则加耗二合一勺计。一民地土名高处地，税五分五正，秋粮正耗一升六合一撮。一民塘每亩五升，则加米三合一抄。一塘土名山子下，税四分，秋粮正耗米二升一合四抄。

计　开：

车屋三间，草牛二头。

（三）去伪存真

现在所能看到的珠玑巷后裔的族谱，少数是明代人写的，大多数是清代甚至民国的人写的。就是明代的族谱，也和宋代相去数百年之久，其间的很多记述已经不可靠。有关罗贵事件的记述同样如此，不但不同的族谱在文字上有差别，一些关键的细节，比如时间、人名等都有出入，因此要经过分析，才能确定哪些事比较可信，哪些事是民

间传说。

先说罗贵的年龄。东莞英村的《罗氏族谱》中说，罗贵生于宋神宗熙宁四年（1071年），据此推算，到了绍兴元年（1131年），罗贵应该是61岁，但族谱所记的《单开供状》中又说才46岁。罗贵的长子大用，供状说绍兴元年时是26岁，但是据大用的墓志所记，大用生于宋徽宗崇宁元年壬午（1102年），卒于宋孝宗隆兴元年癸未（1163年），那么到绍兴元年应该是30岁。年龄上的这些差错，黄慈博先生在《珠玑巷民族南迁记》中已经发现了。

再说迁徙的时间。东莞英村《罗氏族谱》所载迁徙词的结尾，有"绍兴元年正月初五日词上"的话。但是，这个时间明显和流传的胡妃（美人）逃难时间不一致。此外，《罗氏族谱》所载的这个时间，新会泷水都莲边里《麦氏家谱》写作"咸淳九年正月初五日"；而番禺市桥《谢氏族谱》写作"开禧元年正月初五日，团词人陆阆圣、罗贵等九十八人"，不但时间与其他两谱不一致，而且前两谱中的九十七人也变成了九十八人，领头人多了陆阆圣，且名列罗贵之前。可见民间传说，虽有一定的根据，但张冠李戴之处甚多。

香港大学历史系教授马楚坚先生在《罗贵率家迁良溪之探勘求真与辟谬》中，根据当时的历史背景，对罗贵迁徙的时间有自己的理解。他说：

> 告案给引词末，所书年岁为"绍兴元年"，据《小榄麦氏族谱》所载《南来岁月考》所引东英《罗氏族谱》旧本，则作"绍定元年"；而南海丹山《谢氏族谱》所载及《新会潮连卢鞭卢氏族谱》则作"开禧元年"。绍兴为宋高宗于建炎四年后所改元，其时有金军一支自蕲黄过江趋洪州，追袭隆佑太后及百官，然当时并无于南雄境内设寨抗侮，令民迁移之事。其民人自中原南下避兵经南雄珠玑而复南迁，皆因避祸自发及因应局势之播迁，并非政府所令迁，自未必由官府发予"给予"通行。由是推知"绍兴元年"当为后人忆讹所然。若以南雄于南宋时所发生祸乱，当以江西峒贼为地方政府主动推行抗御，建设工程所需，得中央批准，而允民迁移给引，以便军事建设与对贼抗御之军事行动为是，是则，元年，当为"开禧元年"或"嘉定元年"之讹。（黄伟宗、周惠红主编：《良溪——"后珠玑巷"》）

再说罗贵迁徙的原因。既然胡妃的一段公案不是罗贵们举家南迁的原因，那么这些世代居住在珠玑巷，"有丁应差，有田赋税，别无亏缺，外无违法向恶背良"的良民们，为何要背井离乡呢？上引的几份文件，都说罗贵们迁徙的原因，一是因为"天灾地劫，民不堪命，十存四五，犹虑难周"，一是因为"及今奉旨颁行取土筑作寨所，严限批行，下民莫敢不遵"，所以才想到"烟瘴地面，土广人稀"的南方找一条生路。这两

江门良溪罗氏祠堂

条原因，第一条属于自然灾害，第二条属于政治因素。如果从历史上的实际情形来考察，两条都能够站得住脚。

自然灾害的原因。自然环境对人类的影响具有决定性作用。中国古代是农业社会，靠天吃饭是常态。一旦遭遇大的自然灾害，衣食无着，就会酿成大的流民潮。而中国历史上的农民起义，十之六七都与大型自然灾害所引发的流民潮及社会失序有关。南雄位于五岭之南，至唐宋时才因为北方移民持续南下而发展起来。移民们选择在南雄落户的原因，一是看中了此地位于南北交通的咽喉位置，二是因为此地多低山与山间平原，水土肥美，宜于耕作。但是南雄也有遭遇天灾的时候。每年梅雨季节，雨量既大，时间又久，浈江及各支流水位暴涨，常有洪涝灾害发生。南雄土壤不易储水，如果长久不雨，又易发生旱灾。即以现今而论，近十年来，南雄就时有旱涝灾害发生。时间再往前一点，从1950年到1987年，38年中有19年发生洪水，其中成灾8次，严重的5次；有11年发生受旱面积5万亩以上的旱灾，其中1962年7月到1963年9月，连续15个月都没有下过透雨。这是新中国成立后的情形。古代水利设施落后，成灾的时间应该更多。《南雄县志》中，元、明、清三代和民国期间都有水旱灾害的记载。关于宋代自然灾害的记载也有一次，说嘉定九年（1216年）南雄州曾遇大旱。记载

只有一次，不意味着整个宋代二百余年间南雄只受过一次灾，而是这一次的灾害影响太大的缘故。这是古人著史的惯例。

前文所引马楚坚先生的意见，认为《罗氏族谱》中的绍兴元年应该是"开禧元年"（1205 年）或者"嘉定元年"（1208 年），这个时间同嘉定九年（1216 年）的南雄旱灾比较接近。

政治的原因。按族谱的说法，罗贵们的迁徙实属不得已而为之，因为官府要征了这一片地建立军事区。政府为什么要建立军事区呢？当然是出于形势的需要。那么当时迫使政府建立军事区的形势究竟如何呢？马楚坚先生已经说过，当宋高宗建炎、绍兴年间的时候，金兵曾经追击隆佑太后到了今天的江西赣州一带，那时整个江西应该都受到了震动，但是金兵没有越过五岭就很快退走了，史料上也没有宋兵在南雄建立抗金据点的记载。不过，金兵虽然没有到，南雄却并不见得太平，几乎整个南宋一代，当地都有农民武装活动的记载。举起大者如下：绍兴元年（1131 年）二月，宜章县农民李冬至二起义，部队一路攻略了邻近的连州、英州、韶州等地；绍兴元年（1131 年）八月，张忠、邓庆等又起事，义军一度割据南雄，江西统制傅枢发兵讨平之；绍兴三年（1133 年）江彭友起义，声势浩大，农兵先后劫掠循、梅、广、惠、英、韶、南雄、南安、建昌、汀、邵武等州，广东大部和福建北部几乎无一幸免，朝廷诏岳飞讨平之；乾道元年（1165年）湖南农民起事，劫掠韶、连、南雄等州；淳熙二年（1175 年），湖北茶农赖文政起事，六月间自江西进入广东；淳熙六年（1179 年），郴州农民陈峒起事，农军曾在粤北一带活动；嘉定二年（1209 年），江西峒民起事，农军越大庾岭进犯南雄州，进义副尉梁满率部抵御，战死柯木坳；嘉定三年（1210 年），郴州李元砺起事，第二年攻南雄，知府赵善契率领监庙汝振、司法参军黄枢等拒战，皆死之；绍定二年（1229 年），赣州农民陈三枪等起事，在赣粤闽边境建立据点 60 余个，朝廷征兵讨伐，历时五年才讨平。

以上所举的兵事，嘉定二年、嘉定三年的两次都同南雄有关，而且战事惨烈。为了抵御农军，朝廷在当地征地建立军事据点，是自然而然的事。如果罗贵的迁徙是在这时，那么"及今奉旨颁行取土筑作寨所，严限批行，下民莫敢不遵"，确是当时实情。马楚坚先生认为，如果开禧二、三年间农军可以多次大规模侵夺南雄，则其"势乱当始

于宋宁宗赵扩开禧年前"，而"此年之前正为罗贵率众赴南雄政府乞取文引俾得南迁通行有证之时"，在时间上刚好说得通。他又以此为据，认为《直隶南雄州志·职官》中所缺的开禧二年知州名号，就是给罗贵发证书的钟文达。

马先生从当时军事形势出发的推测很有道理。但是上文也说过，罗贵南迁还有一个原因就是自然灾害，而历史上记载的南雄自然灾害则发生在嘉定九年，那时农军的叛乱已经被平息了。但是我们也可以设想，在嘉定九年的大旱灾以前，湘粤赣的交界地区可能已经有了多次程度比较严重的自然灾害，因为频繁发生的农民起义已经说明农民的生活过不下去了，而农民没有办法继续维持生活的直接原因就是自然灾害。在中国历史上，可以说每一次较大规模的农民起义，都是因为自然灾害导致他们生活无着才铤而走险的。汉末的黄巾、唐末的黄巢、宋代的方腊、元末的红巾、明末的李自成等，都是如此。湘粤赣边境接连不断的农民起事，除了持续而严重的自然灾害之外，似乎也很难有其他更为合理的解释。

总之，综合各方面的因素考虑，罗贵南迁的时间，绝不应该在度宗咸淳八、九年（1272 年或 1273 年），而应该在嘉定元年（1208 年）前后。

还有一个小小的细节应该指出，那就是除了在开封等少数几个重要的地方，宋代大多数地方并没有府这层行政设置。宋代的地方行政设置是路州县三级，与州平行的府、军等很少，府是明代的普遍设置。

（四）向南逃生

在罗贵南迁大约 60 年之后，又发生了一次较大规模的南雄居民南迁潮流。这一次的原因，不是因为自然灾害和农民武装的劫掠，而是因为元军大规模南下，南宋朝廷节节败退所导致。

从宋恭帝德祐元年（1275 年）到宋端宗景炎三年（1278 年）的不到四年时间里，元军陆续进攻湖南、江西等地，展开了对南宋朝廷的最后打击：

德祐元年（1275 年），元军发兵攻打潭州。潭州是南宋防备元军的军事重镇，元军兵围潭州七十余日，双方大小数十战。第二年潭州城破，元军势如破竹，纵横掳掠郴、全、道、永、衡等湖南各州，并进入韶、南雄等州，杀人无数。

德祐元年（1275年）二月，宋廷以文天祥为江南西路安抚副使、知赣州，文天祥发动、组织了当地豪杰武装，又联合了一些少数民族武装，和宋军一起迎敌。然而战事不利，江西陷落。

德祐二年（1276年）六月，元军招讨使梁雄飞率军攻广东，广东经略使徐直谅遣将拒敌，双方相拒于广州石门。元军孤立，不久退兵。九月，宋将熊飞率军光复韶州。十月，元将吕师夔等率军越过大庾岭，与宋将熊飞、曾逢龙等大战于南雄，曾逢龙战死，熊飞败走韶州。元军围韶州城，守将刘自立投降，熊飞率兵巷战，最终赴水而死，为国家慷慨就义。也就是这一年，另一路元军攻陷了南宋都城临安，南宋太皇太后谢氏和恭帝赵显手捧传国玉玺及降表请降，南宋亡。宋的遗臣立益王赵昰为帝，改元景炎，继续斗争。

景炎二年（1277年）五月，右丞相文天祥引兵从梅州北出江西，宋军小胜，光复会昌县。六月，文天祥又在赣南的雩都击败元军；七月，文天祥所领宋军陆续光复了吉州、赣州所属诸县，围赣州城。衡山人赵璠、抚州人何时举兵响应，江西中南部大多恢复，一时宋军气势大张。八月，元将李恒遣兵援助江西元军，文天祥为元重兵所败。九月，元军第二次越过大庾岭攻击宋军，广南东路广、连、韶、德庆、惠、潮、南雄、英等州相继失落，广东大部沦陷。

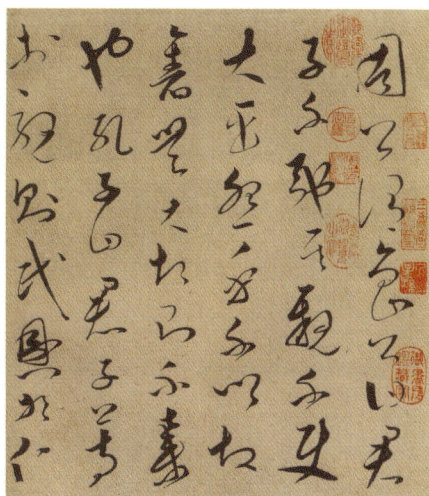

文天祥草书

陆秀夫石刻

景炎三年（1278年），赵昰死，宋的遗臣们张世杰与陆秀夫又拥立了昰的幼弟昺即位，改元祥兴继续坚持。这时，文天祥已经战败被俘。宋朝遗民几十万人没有地方可去，只能退到海上。宋朝降将、现在是元军大将的张弘范派人劝文天祥写信招降张世杰，文天祥却写下了流传青史的、让后世所有中国人热泪盈眶的《过零丁洋》，留下了"人生自古谁无死，留取丹心照汗青"的千古名句。张弘范劝不动张世杰，只有向宋军开战。宋军虽然不惜牺牲，可是仅靠英勇和牺牲并不能换来胜利。在无路可走的情况下，陆秀夫抱着幼帝，跳海而亡；随着陆秀夫蹈海而去的，还有皇后以及其他南宋军民宫女数十万人。这是悲惨的一幕，它在让后人永远地记住了一个民族的耻辱的同时，也记住了她的儿女们以大无畏的牺牲精神给予她的尊严。陆秀夫死了，张世杰还想再立皇帝，重新燃起抗元的火焰，可是在突围之后，惊天动地的海浪，却吞噬了这一位民族英雄，南宋的最后一丝火苗就这样熄灭了。

文天祥的孤军虽然失败了，但他的部属仍然坚持抗战。其中的一支，在李梓发的带领下，坚守在与南雄一岭之隔的江西南安。从景炎元年（1276年）十月到祥兴元年（1278年）三月，与元丞相塔出的万余大军周旋，苦苦支撑了四年多，直到城陷全军牺牲。

在宋末的这一段艰苦岁月里，宋元双方的军队，在大庾岭两边的韶、雄、虔、汀一带展开拉锯战。期间元军曾经两度越过大庾岭，三次占领韶州和南雄。因为处于战略要冲，在这长期的战争中，珠玑巷一带的居民饱受战火之苦，他们要么死于元人的铁蹄钢刀之下，要么弃家逃亡。向哪里逃呢？偌大的中国，只剩了珠江入海口的一角，还算是汉人的天下。他们别无选择，只能和其他北来的汉人一样，一批又一批开始向南迁徙。这一段惨痛的历史，常常和关于胡妃的传说混杂在一起，永远留在了许许多多珠江三角洲人家的族谱上：

（石头）《霍氏族谱序》：

　　我祖……汉春秋而上为太原人……宋靖康时避狄难于广之南雄珠玑巷，或曰秦时徙中国民五十万填实南粤，我祖从徙，随世为南雄人。……宋季年由南雄再谪南海，或曰嬉笑皇姑罪谪迁，或曰匿皇妃罪谪迁……

《孙氏族谱序》：

予郡乐安，望出太原。……不知曾几时而衍于南雄府珠玑巷，聚族而居。讵料咸淳年间，因胡妃之乱，各姓夜窜潜处。我祖不得已，越东莞而住沙头。

《韦氏族谱序》：

按旧谱叙德宗公，于宋咸淳九年自南雄府来。己巳镌谱，亦叙我韦氏于咸淳九年自南雄府来。

《叶氏族谱序》：

次祖仲亿公同弟仲伸公，迁南雄珠玑巷而居……俱在咸淳八年，臣摇柄故胡妃听谗（疑原文有缺），巷人惊疑潜徙逭方，而公叔兄弟亦因是而奔焉。

《朱氏家谱》：

度宗咸淳末，保昌民因事移徙，有讳元龙者，与弟元凤、元虎浮桴南下。

《刘氏续修谱帙序》：

我祖……于宋永嘉十九年，被苏妃之祸，故自南雄珠玑里随梦熊翁徙允盆。

《关树德堂家谱》：

始祖……宋度咸淳间偕弟俊，奉其去姚骨殖，由保昌携家南下。

《李氏家谱序》：

始祖必贵公，出自南雄珠玑巷，因避乱迁于香山小榄。

《劳氏家谱序》：

考其初，元锡公之后，九世讳威者，廉宪、东粤与数子诸孙，家于雄州之珠玑里，值胡妃之变，诸子孙南迁至五羊。

《吴氏始祖开基实录》：

超公生理公、乐公、射公、御公、书公五子……以宋咸淳年间自珠玑里至广州城。……乐公见宋元乱，省城遭变，遂迁居恩平。

《肖氏家谱》：

夫先公之迁居南来，正非偶然矣。避胡妃之乱，遭羁族之风波，几散乘桴之魄，与兄弟九官人分袂荔枝园，是其托终之区命。

《陈氏英翁族谱》：

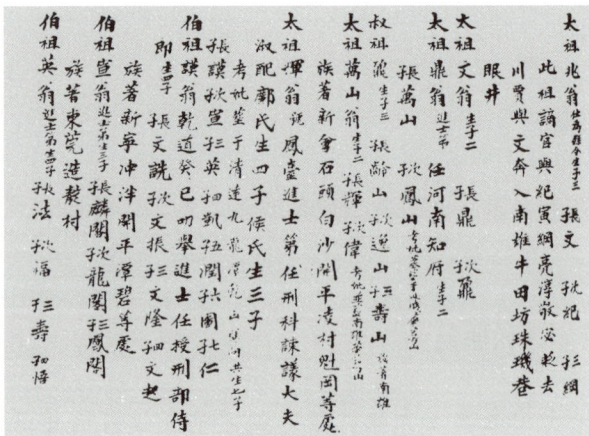

新会李苑《陈氏族谱》

开禧元年正月初五日，珠玑巷签名九十七人共三十三姓，罗贵为首，内有陈世兴、陈世道……吾谟翁兄弟，世代官宦，仍居故土……咸淳九年癸酉岁，即元太祖至元之十年正月甲子夜各逃生……是咸淳九年，法祖携伯叔兄弟子侄，登舟而往，步陆而行，通迁于广州府各处居焉。

《周氏大宗全谱并序》：

凤冈翁……恩授广东宣教，任满值干戈扰攘之际，就南雄郡保昌

县沙水村珠玑巷而家。宋季幼主南渡，娶拥毕至广州古冈州新会县居焉。

《郑氏司农谱序》：

新宁海宴族谱载……至五十六世郑侠，官至尚书，于神宗熙宁元年，次子继业迁居广东南雄府保昌县沙水村珠玑巷……至宋度宗咸淳九年癸酉正月申子夜，避胡妃之厄，至古冈州洒冲乡水渴村居焉。

（鹤园）《冼氏家谱》：

我房其先徙居南雄珠玑巷，即宋保昌县。咸淳末，保昌民因事移徙，有讳衍深者，率其族复还广州，居南海县扶南堡。

《侯氏族谱序》：

厥祖讳明，由宋末徙自南雄珠玑巷，卜居于南海亨田乡。

《夏氏世系流源考》：

时咸淳九年，岁次癸酉，因度宗胡妃至雄，上令行查迫切，祸及南雄珠玑巷，彷徨携眷逃走。

这些留在族谱中的记忆，因为年代久远以及其他种种原因，并不是很准确。其中一些还有常识性的错误：比如《孙氏族谱序》和《韦氏族谱序》称南雄为府而不是州，显然是因为撰写族谱的人可能是明以后的人，所以对宋代的行政建制不是很了解；又比如《傅氏族谱》说"度宗失政，似道专权，辽兵犯界"，其实应该是元兵犯界；再比如《刘氏续修谱帙序》说"宋永嘉十九年，被苏妃之祸"。但是中国历史上，只有西晋怀帝和割据云南大理的段正严，以及东汉冲帝，用过永嘉的年号（汉冲帝的年号永憙，一作永嘉）。有宋一代皇帝的年号，北宋有嘉祐，南宋有嘉泰、嘉定、嘉熙，但是没有永嘉。即便在许多族谱中普遍出现、已经成为一种故事"原型"的胡妃事件，其版本也各不相同，更不要说和正史相比了。但是，拨开笼罩着的迷雾，我们仍然能够想见先民们当日迫于战火而不得不背井离乡的情形。

南宋末年珠玑巷民的南迁，可能是历次南迁中规模最大的一次。历史上汉人的大规模南迁，都是因为中原地区沦入北方草原民族之手，而不得不随着政权机关南下。因此，南迁的程度，主要取决于汉人传统地域沦陷的多少：当中原沦陷时，就迁到长江以南；当长江流域也陷落时，就迁到珠江、闽江流域。宋廷南渡初期，珠玑巷一带虽有移民南下，但因为长江以南还相对稳定，人口的迁徙规模不会很大。当宋廷风雨飘摇的时候，大批的汉人也势必向珠江三角洲一带迁徙。例如，在临安陷落以后，那些从临安撤出，随陆秀夫等人迁往崖山一带的南宋军民，就有几十万人之众，可见其规模之大。南宋珠玑巷居民当时举族南迁的规模，一些族谱也做了记载。

《夏氏世系源流考》：

时咸淳九年……彷徨携眷逃走，乘桴顺流至东州江口，狂风大作，十存六七。

《甄氏族谱序》：

后因宋度宗咸淳癸酉年，失妃之变，沿乡搜捕，珠玑之人避兵搬迁。如壁兄弟亦率其族南迁，行至连江水口，飓风大作，金、壁二人幸庆安全。

《小榄麦氏族谱》：

时保昌严县主准申南雄府钟文达立案，批发路引。我祖必达公兄弟五人，长必荣、次必秀、三必达、四必瑞、五必雄，想与挈家二百余口，于咸淳九年二月十六日启程抵广州。

南迁的人家，总是有迟有速，不会是一天之内同时行动。但是一族的迁徙，总是有几十上百的人口，有时几族甚至几十族的人口汇集到一起，规模就比较大了。这一点，可以从一些族谱关于连江口水灾的苦难记忆中发现一二。

《曾氏族谱》：

世传我广东多有南雄保昌县沙水村珠玑巷人，于宋咸淳九年癸

酉，王妃胡氏疯癫，出南雄溺水死。行文查访，时虑乃于次年正月内，约万余人逃窜。时无渡船，结竹为牌，载至连州，过夜泊湾，狂风大作，潦水涌散竹牌，淹死男女不计其数。

（南海九江大同）《傅氏族谱》：

时因咸淳八年，度宗失政，似道专权，辽兵犯界，皇妃奔关避难……民受其害，俱各逃走……我祖昆弟虑祸，密延同乡。时河道无船只，结桴而流其下。日夜随风漂流，至连州水口，约有万余人泊在河傍。仲冬十四夜半，狂风大作，潮水涌涨，势不能当，滚散其桴，男女淹死无数，满江大哭。将至大路之峡，因风分溃，我祖旋泊众岗，其徙者或徙之高明、罗定、新会，或就南海、番禺，散之四方。

"约万余人逃窜"、"约有万余人泊在河傍"，在那时绝对是一个庞大的群体。那么，究竟有多少人在宋末的动荡中迁出了珠玑巷呢？《南雄珠玑移民的历史与文化》作了如下的分析：

南宋末珠玑巷移民，是岭南有史以来最大规模和最集中的一次。在长达七年的战乱之中，珠玑巷一线交通要道及附近地区的居民走避一空，倾巢南下。而其数量可大致估计出来。

根据官方的户口统计数字，南北朝泰豫元年（472），广兴郡领曲江、桂令、阳山、贞阳、含洭、始兴、中宿，相当于今天整个粤北的广大地区，仅有户 11 756，口 76 328 人。到唐贞观十三年（639），仅韶州领曲江、始兴、乐昌、翁源四县就有户 6 940，口 40 416 人。再过一百年，至天宝元年（742），始兴郡领曲江、始兴、乐昌、翁源、浈昌、仁化，相当于原韶州四县地，已有户 31 000，口 168 948 人。一百年间人口增长 4 倍。再有北宋太平兴国年间至元丰年间一百年之中，南雄州保昌、始兴二县由 8 363 户跃升 20 339 户，为原来的两倍多。

由于处在交通咽喉上，南雄州唐宋间一直是广东人口较多的地区。由于有相对安定的环境，户口直线上升，成为当时每平方公里 20 人以上密度的七个州之一。而由岭北而来的人口还一直在增加。按这个势头，每百年翻一番是完全可能的。但奇怪的是，自元丰之后，到至元 15 年（1278）二百年间，中间还经历了宋南渡以后的人口入迁高潮，南雄州的户口不但没有增加，反而下降了。按至元十五年的统

计，南雄州仍领保昌、始兴二县，只有户 10 792，口 53 960 人。减少户口将近一半。考虑到二百年间的人口增殖，考虑到南渡后的入迁高潮，可以知道，仅南宋末南雄州南迁的居民至少有 3 万户 15 万人以上。有宋一代，由南雄陆续南迁的居民，估计也不下此数。而仅仅经由珠玑巷南下，主要来自赣、闽两省的移民数量则无以估计。按理说，有南雄优越的条件可以入居，直接南下的人口数字不会高于南迁的南雄居民。

在这些南迁的人口中，珠玑巷交通要道一带的居民占有相当的比例。根据有关材料记载，珠玑巷最盛时，有店铺千余家。最保守的估计，其居民也将近万人，人口拟比普通的县城，可能还比当时的南雄县城多。因清初屠南雄城，死 7 000 余人，"百姓十存二三"，看来人口也不过万人。一个珠玑巷沙水镇，即有 12 万人（疑为 1.2 万人），再加上周围牛田坊 58 村，该有多少人口呢？估计不下 3 万人。而根据有关的记载，这个地当交通要道的人口高密区曾经多次蒙受战乱。引起至少三次以上的较大规模的人口迁徙。又因此，我们估计，有宋一代，直接由珠玑巷及附近 58 村迁出的人口将近 10 万。现今珠江三角洲许多家族都称来自珠玑巷，完全有可能。

也许，正是因为宋末十几年的南迁规模太大了，而且人们对兵燹的记忆也太深刻了，所以才把几次不同时期的移民混杂在了一起，统统说成是咸淳年间，或者把盗匪的武装和官兵、元兵混杂在一起。罗贵所率领的三十三姓人家南迁事件，就这样同几十年后珠玑居民的南迁混为一谈。关于民间历史记忆的这个特点，《开平县志》卷二中的一段话对此作出了解释：

广东南部其民族多迁自南雄珠玑巷。《广州志》谓中原衣冠，北宋时避金人之寇徙居南雄，广州士族多发源于此。……先旧民族大抵迁移于南北宋，最盛时由绍兴（高宗年号）以逮祥兴（卫王年号），中间多有输入。……然则称纪元必曰咸淳，述故乡必曰珠玑巷，此乃由中原人入广东必以珠玑巷为停驿或即因而侨寓，其后沿北江南下，尤以宋度宗咸淳六年十年迁徙为多也。

（五）元明移民

1279 年，元朝军队消灭了南宋最后的残余势力，建立了空前强大的帝国。在元灭宋之后，虽然移民规模降低了许多，但仍然不时有汉人从珠玑巷向珠江三角洲迁移。1947 年编的《高要县志初编》卷三有如下记载：

> 沙浦吴氏。始祖吴贵安元时自南雄珠玑巷迁来县东南烘柯山西岸村，七世孙万寿、卓宽、师养举族徙于沙浦中心坊定居，时在元明间。
>
> 金屋金氏。始祖金师养，元时由南雄珠玑巷迁来，卜居县南银江都金屋。

元朝的统治还不到八十年，因为不堪忍受压迫和剥削，各地的农民起义就已经如火如荼地兴起了：1351 年，白莲教徒刘福通起义，克颍州；同年，徐寿辉起兵于蕲水；1352 年，郭子兴起兵于濠州；1353 年，张士诚起兵于淮东。从此，一场腥风血雨的大混战又一次在中国的大地上展开了。处于江西和广东交界处的大庾岭，同时也是珠江流域和长江流域的重要分界线，历来就是兵家必争之地，这次当然也不会例外。至正十六年（1356 年），红巾军将领熊天瑞率军越岭，攻陷了南雄、韶州等地。熊天瑞在南雄大造战舰，准备沿江而下直取广州，但因为天气的原因不得已而还。至正十八年（1358 年），陈友谅攻陷江西，元军在大庾岭一带集结，准备随时和陈友谅开战。至正二十三年（1363 年），朱元璋与陈友谅大战于鄱阳湖，陈友谅败死，朱元璋乘胜追击，第二年令大将军常遇春一路南进，先攻下赣州，接着又攻下韶州、南雄，杀了陈友谅的大将熊天瑞。祸不单行，在大庾岭两边兵火连天的时候，南雄又遭到了接踵而来的天灾：先是至正十三年（1353 年）的大旱，庄稼几无收成；至正十九年（1359 年）春夏，又发生了大规模的疫病，人民死者无数；至正二十二年（1362 年）的灾害更多，这一年的三月是地震，八月份是冰雹。天灾人祸之下，南雄珠玑巷又一次出现了移民潮。

1947 年《高要县志初编》卷三：

> 庆州李氏。始祖李汝浈自南雄珠玑巷迁居县东南堪都庆洲村，时

在元末明初。

横村李氏。始祖李龙芳于元末明初由南雄珠玑巷迁来县东河旁之横村。

湖坑朱氏。明洪武间朱亮洪自南雄珠玑巷迁居县南湖坑村，为其始祖。至今传十七世，丁口六十余人，建有宗祠。

勒竹园何氏。始祖名一壮，字启元。据基碑谓原居南雄珠玑巷，明初迁高要勒竹园。

西岸何氏。始祖名祚昌，明初自南雄珠玑巷迁居县东南头溪都西岸村，至今传二十一世，丁口约六十人。

砚东李氏。其先居南雄珠玑巷。有李珩者，字天通，号琼巷，明洪武举人，因事挈家迁来肇庆，旋择地于城东砚冈卜居焉。

腰冈李氏。其先南雄珠玑巷人，明初有名元其者，迁居县东南傍湖都腰冈村，为其始祖。至今二十一世，丁口五百余人，建有宗祠。

围边李氏。官塘系。明初有名葵芳者，自南雄珠玑巷迁县东南白土都围边村，为其始祖。今传二十三世，丁口约九十人，有宗祠。

新潘李氏。其先居南雄珠玑巷，明初有名泽安者始迁县东南白土都潘村，为其始祖。至今凡二十世，丁口五十人。

敦厚里李氏。始祖李嵩山，于明初由南雄珠玑巷来居县东文明堡敦厚里，至今凡二十一世，约有丁口二十八人。

村头李氏。明初李少常由南雄珠玑巷来县东文明堡村头，为其始祖。至今凡二十九世，约有丁口二十人。

榄圹李氏。云美系。明初李显卢由南雄珠玑巷迁来县南乌石都榄圹村，为其始祖。至今传二十世，丁口约一百十人。

圹基头李氏。始祖李灿，字自明，号秋月，明永乐二年由南雄珠玑巷迁居县南新江都圹基头村。至今凡二十一世，有丁口二百余，建有宗祠。

黄坑李氏。其先来自南雄珠玑巷，明时有名至森者迁县南小洲都黄坑村为其始祖。至今十八世，约有丁口八十人。

龙沙李氏。其先南雄珠玑巷人，明时有名孙者始迁县东南白土龙沙村，为其始祖。至今凡十五世，丁口约一百人，建有宗祠。

横石李氏。始祖李石隐，明时由南雄珠玑巷迁来县南横石村。至今凡十八世，丁口约一百八十，建有宗祠。

新村李氏。其先来自南雄珠玑巷，明嘉靖间有名成全者迁居县南新江都新村，为其始祖。至今凡十六世，丁口六十余人，建有宗祠。

茶冈吴氏。明初有名敬泽者，由南雄珠玑巷迁居县东南桂平都茶冈村，为其始祖。至今凡十九世，丁口约一百人。其后分支竹园及沙头，各有丁口四五十人。

风山吴氏。明时有名常者，由南雄珠玑巷迁居大湾之迳口，即今凤山，为其始祖。至今十三世，丁口约五十人。

隔布杜氏。明初有名仲恩者，自南雄珠玑巷迁居县西桂林都隔布村，为其始祖。至今二十世，丁口约一百五十人，建有宗祠。

龙泽岑氏。始祖岑绍祖明初由南雄珠玑巷迁来，卜居县南白渚龙谭村。传至今二十二世，丁口约五十人，建有宗祠。

大基头徐氏。其先来自南雄珠玑巷，明初有名伦者始迁县南白诸堡大基头村，为其始祖。至今传二十三世，丁口约一百人，建有宗祠。

又，高要回龙镇《蔡氏族谱序》：

溯我宗先之初原居广东南雄府珠玑巷，缘被洪武朱王徙民而来也。自珠玑巷移居，山河跋涉，来至冈州大良地面。

因为原住民都拖家带口地跑到珠江三角洲去了，所以南雄留出了大片的荒地。近水楼台先得月。江西、福建等地的客家人趁机进入南雄，成为南雄的新主人，南雄变成了一个客家县。据罗香林《客家研究导论》称，目前南雄县的人口，有80%以上是客家人。客家人之多，正好说明了元末明初这一次迁徙高潮中南雄居民南迁的数量之众。另外，由户口来看，《元史·地理志》载至正十五年（1355年）南雄路有10 792户，而到《大明一统志》估计南雄只有4 840户，始兴770户，共计5 610户，较之《元史》，人口又耗减近半——这一半人中的绝大多数都南迁了。

元之后，明清之交是又一次战乱及迁移的时期。崇祯末年，张献忠的义军进入江西，攻陷了吉安、袁州、南丰等县，杀人不计其数，加上粤北连州瑶民起义，以及小股土匪的劫掠，整个赣粤边区烽火连天，韶州各县的老百姓闻风而逃，留下了一座座几无人烟的村庄城池。农民军刚走，清军又来了。顺治三年（1646年），清军跨过长江之后，

挥师直下江西、广东打击南明的残余势力。当年攻破了赣州，第二年又破了南雄、韶州，占领了南北交通的咽喉。南明政权组织反击，想要夺回军事要塞赣州。大将李成栋提兵二十万北上南雄，一方面约南昌的金声桓领兵南下，一方面还动员了山里的少数民族，准备组成联军对付清军。结果南明拼凑起来的联军在赣州城下全军覆没，李成栋只带着几百人逃到了广州。过了半年，李成栋领军再上粤北，结果又为清军所败。打败明军的清军指挥官，就是投降满人的大明将军尚可喜、耿仲明。李成栋的部将杜永和退守梅岭，想靠着一夫当关的梅关将清军挡在江西境内。可是虽然有险关可以据守，汉人指挥的汉军还是抵不住汉人指挥的满军。清军再次大胜，尚可喜、耿仲明翻过梅岭入广东，南明政权无险可守了。李成栋想做最后的一

李成栋像

搏，他领着剩下的军士猛攻南赣，可是再次失败。明军屡战屡败，清军却骁勇异常。顺治六年（1649 年）的除夕，尚可喜偷袭南雄，没几天就破了南雄城。清军在城内大开杀戒，逢人便杀，据说斩首六千余人。战祸之外，年景还不好，南雄一连几年歉收，所余不多的粮食，也被你来我往的军队搜刮了去。没办法，还是远走他乡。一些资料记载了这一政权交替时期的移民情况：

1947 年《高要县志初编》：

长旗李氏。活村系，其先由南雄珠玑巷迁来，清顺治间居县南长旗村，至今凡十五世，丁口约四百人，建有宗祠。

牛围李氏。其先由南雄珠玑巷迁来，清顺治间始居县牛围村，今传十五世，丁口约一百五十人。

寻边吴氏。明季有名世家者，由南雄珠玑巷迁居县西北寻边村，为其始祖，今历十五世，有丁口七十余人。

东坑口余氏。清初有名汝安者，由南雄珠玑巷迁居南东坑口村，为其始祖，至今十三世，丁口约一百五十人。

耕沙徐氏。此族谓自南雄珠玑巷迁来，始迁者名载明，居于县南

安怀堡耕沙村，时在清代，至今传九世，丁口约七十。

又，《简氏宗枝源流》番禺县、石其房：

始迁祖世雄，其二世佐宾、健亩、健兴、晚翠、维纪，明季由南雄府迁来。

明末清初的移民，使南雄的人口进一步下降。明太祖洪武初年，南雄府还有 67 031 人，到《大清一统志》统计，"原额人丁共17 650"，康熙元年至十一年"实在人丁 11 720"。这里头可能有瞒报、统计不实的因素，但人口耗减仍是不争的事实。（以上关于元明清三代珠玑巷居民南迁的叙述，主要参考了曾祥委、曾汉祥主编的《南雄珠玑移民的历史与文化》第三章"元、明、清的珠玑巷移民"）

六　珠玑南迁

七、广府新民

在广袤的东亚大陆，从华夏民族在黄河中下游地区逐渐形成开始，到汉、汉人成为华夏民族的新称呼，汉族已成为这片大陆最主要的力量。汉族之所以能成为东亚大陆的主导性力量，一方面取决于其先进的生产技术和社会、政治体制，一方面也和占有绝对优势地位的人口数量有极大关系。因为人口的数量大、分布广，加之受历史和地理环境等因素的综合影响，在汉族的内部，逐渐形成了多个次一级的亚文化体。这些次一级的亚文化体都有自己特色比较鲜明的民风民俗以及地方语言，有些民族史的研究学者将这些次一级的文化共同体称为民系。民系，也许是汉族独有的文化现象，它就像是一棵大树上的无数枝条，虽从一个文化之根、血缘之根上生长出来，却发展出了自己的独特形貌，并以这独特的形貌让大树变得更加美丽多姿。

在当代中国，按照地理、历史、风俗、语言等，可以粗略地划分出许多个不同大小、不同层级的民系。仅以方言而论，就有说东北官话的东北民系、说北京官话的燕幽民系、说冀鲁官话的华北民系、说胶辽官话的胶辽民系、说中原官话的中原民系、说晋语的晋绥民系、说关中官话的关中民系、说兰银官话的西北民系、说西南官话的上江民系、说江淮官话的下江民系、说湘语的湖湘民系、说赣语的江西民系、说吴语的吴越民系、说客家话的客家民系、说闽南话的闽海民系、说粤语的广府民系等大小十几支。

（一）广府民系

广府民系是汉族众多民系中的一支。广府民系形成于何时？我们也许可以从"广府"这个名称推知一二。广州的名称，起于三国吴永

安七年（264年），那时吴国将以前东汉时设立的交州分开，成立了交州、广州两个新的地方行政区，广州的治所在番禺（即今广州市），包括了今天广东除了廉江以西之外的大部分地区，以及广西靠近广东的部分地区。这个地区，同时也是粤语的主要分布区。南朝以后广州所管辖的范围逐渐缩小，到了元代，广州改为路，隶属于江西行省；到了明代，广州才改为府，隶属于广东布政使司，亦即广东省。可见，明代设置广州府是广府名称的开始。那么广府人的称谓，最早也不会在明代之前；换言之，广府人这一民系的形成，应该是在明代以后。那么，这就意味着，从秦汉军事经营南越开始直到明代广府人作为民系出现的这个漫长的历史阶段，都是广府民系的形成时期（司徒尚纪先生认为广府系定型于唐宋，明以后成为民系名称）。

　　广府人的来源，并不是秦汉时的百越土著，而是不断南迁的汉人。我们前面已经说过，从秦汉军事经营南越开始，汉人就不断地南下。尤其是在战乱年代，南下的频率和规模就更大。这些在不同时期南下的汉人，在珠江三角洲地区生儿育女、垦荒生产，每一家就像一粒顽强的种子，逐渐长成了枝繁叶茂的参天大树。所谓广府人，就是明代以后人们对这些保留着自己独特的文化记忆和民风民俗的移民后裔的统称。

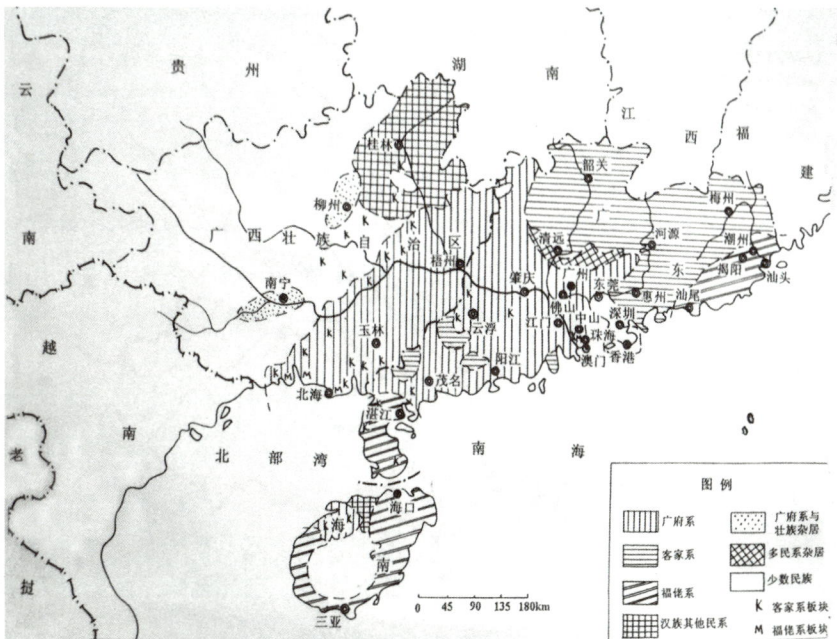

岭南汉民系分布图

推动广府民系形成的原因，第一重要的当然是人口。没有一定的人口规模做基础，就谈不上成为民系。

黄慈博先生作于新中国成立前若干年（具体时间不详）的《珠玑巷民族南迁记》，根据家谱和族谱的记载，对当时分散在珠江三角洲各地的珠玑移民后裔做了初步的统计。以下是黄先生统计的情况：

南海

银塘康族　绿潭李族　大涌张族　邵边邵族　罗格孔族　石江李族

澜石梁族　海舟梁族　蟳冈姚族　九江朱族　九江关族　弼塘庞族
盐步简族　上淇陆族　恒顺陆族　湖涌简族　黎边黎族　大同程族
黎涌简族　云路简族　河清陈族　白沙简族　平地黄族　石肯梁族
横江简族　麦村麦族　九江陈族　大朗冼族　罗格冼族　大桐冼族
简村冼族　鹤园陈族　冲霞北乡海口麦族　金瓯松塘欧族

（计康、李、张、邵、孔、梁、姚、朱、关、庞、简、陆、黎、程、陈、黄、麦、冼、欧 19 姓，34 族）

番禺

沙湾李族　韦涌简族　礼园黎族　沙亭屈族　鹭冈李族　鹿步冼族
车陂简族　屏山简族　都那简族　小洲简族　市桥韩族　市桥谢族
大田村谢族　番禺麦族

（计李、简、黎、屈、冼、韩、谢、麦 8 姓，14 族）

顺德

陈村欧族　马齐陈族　逢简李族　古楼冯族　古楼潘族　石涌陆族
桃源黎族　碧江苏族　大良陈族、卢族、罗族　马宁何族　龙山梅族
龙山温族　龙江陆族、黄族、简族、张族

（计欧、陈、李、冯、潘、陆、黎、苏、卢、罗、何、梅、温、黄、简、张 16 姓，18 族）

新会

瑶溪欧族　凌村陈族　石头陈族　恩州陈族　大口冲冯族　丹灶吕族
河塘李族　河塘容族　天河谭族　水尾朱族　冈州陆族　中乐陆族
七堡李族　务前李族　鸢台简族　新会邝族　新会麦族
泷水、连塘、竹坑、冲澄、鹿峒等地李族　江门范罗冈吕族

朝连大纛冈背欧族　城南新魁窖黎族

（计欧、陈、冯、吕、李、容、谭、朱、陆、简、邝、麦 12 姓，21 族）

鹤山

隔蓢陆族　平地岭冼族

（计陆、冼 2 姓，2 族）

香山（即中山）

南屏张族　谭井刘族　平岚林族　大都陈族　大车林族　麻子陈族

濠涌严族　南塘简族　冈背陈族　坎下梁族　张溪梁族　古坝韩族

赤坎阮族　海州魏族　莆山陈族　南村曹族　永原缪族　众角阮族

北山杨族　四字都陈族　山场吴族　山场鲍族　鸦冈郭族　鸦冈刘族

良都郭族　良都杨族　麻洲李族　麻洲蓝族　隆都刘族　隆都余族

水塘头陈族　龙头环侯族　唐家湾唐族　婆石村陈族　过城高族

过城任族　四都黎村梁族　大涌南文萧族

小榄梁族、李族、麦族、孙族、朱族、何族、吴族、邓族、杜族、刘族、甘族、罗族、石族、李族

（计张、刘、林、陈、严、简、梁、韩、阮、魏、曹、缪、杨、吴、鲍、郭、李、蓝、余、侯、唐、高、任、麦、孙、朱、何、邓、杜、甘、罗、石、萧 33 姓，52 族）

东莞

栅口张族　茶园袁族　赤冈何族　茶窖黎族　长表刘族　文顺丁族

古梅萧族　靖康麦族　东莞李族、封族、祁族、陈族、房族

（计张、袁、何、黎、刘、丁、萧、麦、李、封、祁、陈、房 13 姓，13 族）

恩平

圣堂梁族、司徒族

（计梁、司徒 2 姓，2 族）

广宁

江谷冼族

（计冼 1 姓，1 族）

清远

浛江朱族

（计朱1姓，1族）

宝安

何族、黄族

（计何、黄2姓，2族）

阳江

司徒族

（计司徒1姓，1族）

增城

刘族

（计刘1姓，1族）

以上各地，共有计康、李、张、邵、孔、梁、姚、朱、关、庞、简、陆、黎、程、陈、黄、麦、冼、欧、屈、韩、谢、冯、潘、苏、卢、罗、何、梅、温、吕、容、谭、邝、刘、林、严、阮、魏、曹、缪、杨、吴、鲍、郭、蓝、余、侯、唐、高、任、孙、邓、杜、甘、石、萧、袁、丁、封、祁、房、司徒63姓，162族。其中姓氏分布最广的是张、李、黎、简、冼、陈、黄、麦。

黄慈博先生以后，曾昭璇先生著《宋代珠玑巷迁民与珠江三角洲农业的发展》，列举了珠三角的141姓：

丁、刁、卫、马、文、方、王、邓、孔、韦、车、尹、区、仇、毛、刘、冯、邝、石、甘、古、龙、司徒、叶、卢、帅、自、汤、许、安、江、祁、关、阮、孙、成、吕、伍、伦、任、朱、邬、宋、张、李、陈、麦、严、苏、涝、杨、杜、陆、邵、肖、吴、岑、何、余、邱、利、郑、庞、房、冼、林、屈、欧、武、招、范、欧阳、罗、易、周、金、胡、赵、柯、封、茹、钟、侯、姚、复、俞、郭、高、唐、容、凌、涂、夏、聂、莫、袁、徐、翁、梁、康、曹、黄、梅、崔、符、巢、曾、谢、温、湛、董、彭、韩、植，蒋、程、傅、源、蓝、蒙、雷、甄、简、鲍、锡、詹、廖、谭、蔡、翟、慕容、熊、缪、颜、潘、榈、樊、黎、霍、戴、魏。

各地的姓氏分布是：

清远 3；三水 8；佛冈 1；新兴 6；高要 109；高明 13；佛山 16；南海 75；顺德 53；广州 28；花县 5；从化 6；中山 67；珠海 9；新会 92；江门 7；台山 19；开平 32；恩平 7；鹤山 57；番禺 25；东莞 78；增城 55；龙门 10；宝安 6；深圳 1；博罗 12；惠阳 2。

此外，据广东省南雄珠玑巷后裔联谊会秘书处统计，截止到 2009 年 12 月，珠玑巷移民共有 159 姓。如下表：

1	2	3	4	5	6	7	8	9	10
丁	刁	卫	马	仇	区	孔	尹	文	方
11	12	13	14	15	16	17	18	19	20
毛	王	车	邓	韦	丘	冯	卢	古	叶
21	22	23	24	25	26	27	28	29	30
司徒	帅	甘	田	白	皮	石	邝	龙	任
31	32	33	34	35	36	37	38	39	40
伍	伦	全	关	刘	华	吕	孙	安	成
41	42	43	44	45	46	47	48	49	50
朱	江	汤	祁	许	邹	阮	严	何	余
51	52	53	54	55	56	57	58	59	60
利	劳	吴	宋	岑	张	李	杜	杨	沈
61	62	63	64	65	66	67	68	69	70
肖	苏	邱	邵	陆	陈	麦	冼	卓	周
71	72	73	74	75	76	77	78	79	80
屈	庞	房	招	易	林	欧	欧阳	武	罗
81	82	83	84	85	86	87	88	89	90
范	郑	金	侯	俞	涂	复	姚	封	柯
91	92	93	94	95	96	97	98	99	100
胡	茹	赵	钟	凌	唐	夏	容	宾	徐
101	102	103	104	105	106	107	108	109	110

（续上表）

秦	翁	聂	莆	莫	袁	郭	陶	高	崔
111	112	113	114	115	116	117	118	119	120
巢	康	戚	曹	梁	梅	梦	章	符	萧
121	122	123	124	125	126	127	128	129	130
黄	龚	傅	彭	曾	植	温	湛	程	董
131	132	133	134	135	136	137	138	139	140
蒋	谢	越	韩	源	甄	简	蒙	蓝	詹
141	142	143	144	145	146	147	148	149	150
赖	锡	雷	鲍	廖	慕容	熊	缪	翟	蔡
151	152	153	154	155	156	157	158	159	
谭	樊	潘	禤	颜	黎	霍	戴	魏	

（注：资料统计时间为 2009 年 12 月）

（二）枝繁叶茂

在这么长的时间内，有这么多的姓氏和家族迁到了珠江三角洲，他们的生存状况如何呢？人口的繁衍程度是一个重要的指标。关于珠玑移民后裔的人口数量，很难有精确的统计数字，事实上到目前为止也没有一个权威的准确数字。我们能够做的，只是根据一些地方志的记述进行大略的估计。现在就根据各地方志中相关的叙述，将各族迁徙的基本历史线索和人口数量简述如下[①]：

1. 清同治《香山县志》第三卷所记各族简况

（1）仁良都麻州蓝族：南宋咸淳年间从南雄珠玑巷迁来，第四世祖时一支分居小榄。现有（指县志修撰时，下同）丁口 1 500 余人。

（2）四字都南边圹简族：始祖简古峰，宋代从南雄珠玑巷迁居香山东乡，已传 26 代，现有丁口 500 余人。

---

① 因为先祖世系可能不同，一些姓氏族谱和方志中的同姓世系发展，乃至同一方志中的同姓异族之间的世系叙述，常常存在差异。这些差异，有的可能确实反映了世系在发展中的不同，但也有一些是由传说的错讹引起的，还有的可能只是称呼或文字的传写异文。需要指出的是，这里所叙述的世系发展和人口数字完全依据方志，除了一望而知的明显错讹之外，并没有对每姓的发展线索及其中可能的错讹进行仔细的考辨。

此外，族谱，方志中所述先祖故事，多带有民间传奇色彩，其事实真相难以考究。虽然如此，但从另一方面看，此类带有浓厚民间色彩的祖先故事，恰恰反映了民间在建构历史叙述时的特点，并不能因其可信度不高而连带否定其价值。有鉴于此，本书照录了其中一些叙述较完整的祖先故事。

（3）四字都泮村邝姓：宋代邝三七的后代，邝一声时由南雄珠玑巷迁居惠州、河源，再迁居新会、古冈。邝一声生邝公昭、邝公表，邝公昭居住在泮村，邝公表由泮村迁居到新宁冲云。从邝三七以下，已传29代，男女人数20 000余。

（4）隆镇牛起湾杨族：杨恒宋度宗咸淳年间因避难，由珠玑巷迁居香山深湾，其后人又迁到牛起湾。已历22代，丁口600余人。

（5）隆镇申明亭乡杨族：始祖杨伟准，原籍南雄珠玑巷。杨伟准生杨致政，杨致政生杨大道、杨大章。杨大道居申明亭，杨大章居县城南关。四世祖杨仲至生了四个儿子，其中第三子杨应西一支分居香山濠头，后迁居鳌街萌。六世祖杨胜初生三个儿子，长子杨充庵居申明亭，次子

道光七年成书的《香山县志》

杨碧岚分居龙聚环。十一世祖杨佑生三子，分居于三大房。由始祖开始已历25代，除了南关房外，申明亭、龙聚环、鳌街萌三处共有丁口2 000余人。

（6）下恭镇北乡山杨族：始祖杨泗儒，南宋嘉熙元年从南雄珠玑巷迁来。已历24代，丁口1 870余人。

（7）隆镇刘族：始祖刘汝贤，因躲避兵祸随其父刘仲敏从南雄珠玑巷来广州。刘汝贤于宋绍兴末年由广州迁香山东乡土瓜岭。六代后裔开族溪角，分居于香山城东南的龙眼树涌坑口墟、北台葫芦棚湖州角沙坪下的龙圹库涌新村。已历27代，丁口10 000余人。齐东、古鹤等乡还有龙头环一派，是明洪武初期随昭武将军刘祢进入广东的，先在南雄居住，后迁到榄都，子孙一直隶属军籍。此派已历8代，分为文石歧、大鳌、龙头环等处，有丁口2 000余人。

（8）榄镇刘族：始祖刘谛绥（？），宋末由南雄珠玑巷迁居小榄，已历22代，丁口500有余。（榄镇刘族和隆镇刘族龙头环一派同源，但是所叙先祖的名字稍有差异，迁入小榄的时间也不同）

（9）谷镇鸦冈刘族：始祖刘中行，宋代由珠玑巷迁居香山城后，居下恭镇南大涌，后又迁居前山。至十一世祖刘朝庄，开始由前山分

居于鸦冈。已历 22 代，丁口 4 000 余人。

（10）上恭镇谭井刘族：始祖刘梅冈由南雄珠玑巷迁居新会小泽乡怀仁里，后迁居香山南界涌。后来刘松岭迁居谭井。已历 15 代，丁口 8 000 余人。

（11）隆镇龙头环侯族：始祖侯裔轩，原籍南雄府珠玑巷人，明末从军来到香山。现丁口 8 000 余人。

（12）隆镇涌边曾族：曾季青因避乱迁居南雄珠玑巷，传到第六代曾汝富时，从珠玑巷迁来香山涌边乡。在涌边乡已历 14 代，丁口 200 余人。另有三支派：一支迁到恭都上涌，已历 13 代，丁口 200 余人，一支迁到城北岐头乡，丁口 60 余人；一支迁到城北员峰，已历 13 代，丁口 100 余人。

（13）隆镇永厚蔡族：始祖蔡元昌，原籍福建福州福清县。蔡元昌传七代到蔡积厚、蔡恒兆，开始迁居到南雄珠玑巷。蔡积厚失传，从南雄起以蔡恒兆为一世祖，传至六世祖蔡思添时，由南雄迁居香山永厚乡。传至十五世蔡孟京时，分为三房：长房徙居员峰乡，有 10 多人；其余两房均居于永厚乡，已历 33 代，有丁口 1 000 余人。

（14）隆镇永厚缪族：始祖缪于一，南宋端平年间由南雄珠玑巷迁居香山。已历 22 代，丁口 1 400 余人。

（15）隆镇南村曹族：始祖曹裕庵，从南雄保昌县迁居韶州曲江县，为韶州府学岁贡生。后任广州府新会县儒学教谕，迁居香山南村。自明代中叶起，迄今已历三百多年共 28 代，丁口 100 余人。

（16）榄镇石族：始祖石联英由南雄珠玑巷迁居小榄。已历 18 代，丁口 100 余人。

（17）榄镇甘族：始祖甘佑卿，由南雄珠玑巷迁居小榄，已历 23 代，丁口 250 人。

（18）四字都赤坎阮族：始迁祖阮元辅，宋末由珠玑巷迁居香山城北莲圹街，后迁赤坎。传至九世孙时，分为三房：长房阮兰轩和次房阮贝山仍居赤坎，三房阮冠山迁居小隐。已历 26 代，丁口 300 余人。

（19）四字都濠涌严族：始迁祖严汉臣，宋末由南雄珠玑巷迁至香山东郊，定居濠涌。已历 26 代，丁口 1 300 余人。

（20）下恭镇山场鲍族：始迁祖鲍允瑜，由南雄珠玑巷迁居山场。后分四房，第二房分居阳江、电白等处。已历 25 代，丁口 1 500 余人。

（21）下恭镇长沙圹劳族：先世由南雄珠玑巷迁居古冈州之古劳，到劳真兴时由古劳迁居开平长沙村。劳真兴为长沙圹劳族始迁之祖。已历19代，男女人数10 000余人。

（22）下恭镇范罗岗吕族：始迁祖吕浩然，南宋末由南雄珠玑巷迁新会丹宠乡，后再迁范罗岗。有丁男3 000余人。

（23）隆镇婆石村陈族：始迁祖陈宣，由南雄珠玑巷迁居新会石头村。九世祖陈慎由石头村迁居婆石村。已历21代，分居象角、下泽、水圹头、南乡、沙尾等处，丁口共1 000余人。

（24）隆镇冈背水圹头两乡陈族：始祖陈文龙，由南雄府珠玑巷迁居香山。文龙长子陈天伦子孙居陵冈，三子陈天叙子孙居鸦冈，次子陈天觉子孙居库冲冈背水圹头。已历29代，三房丁口合计8 000余人。

（25）四字都莆山陈族：始祖陈志和来自于南雄珠玑巷，后迁居莆山，分两房，历19传。两房各有分支，居香山邑城的一支现有丁口300余人。

（26）四字都茶园陈族：始祖陈宗，宋末由南雄珠玑巷迁居香山县城。元顺帝时孙志和迁居莆山，陈玄保迁居茶园。已历21代，丁口2 000余人，另有留居县城、小隐等处的，计数百人。

（27）四字都麻子陈族：始祖陈贵卿，宋咸淳十年，因避难从珠玑巷迁居香山，初至牛起湾，后迁麻子乡。已历20代，丁口350人。

（28）谷镇窈窕陈族：始祖陈孟义，元代由珠玑巷迁居香山窈窕乡，已历23代，丁口500余人。

（29）谷镇外界涌陈族：由陈孟义的第六房分析而出，已历14代，丁口600余人。

（30）谷镇麦族：先世由珠玑巷迁居香山黄角乡，至麦元俊由黄角迁居小榄。共分两大房，其后人有的分支于东莞海南栅新村、海南栅口，有的分支于顺德吉佑乡，有的分支于顺德甘竹乡，有的分支于广州流水井，有的移居香山县城东门及圆山寨。共历25代，居住在小榄的一支丁口1 800多人。

（31）小榄邓族：先世从南雄珠玑巷迁居顺德甘竹乡，其后辈再迁小榄。共分为四支：一支始祖邓瑞兴，已历11代，丁口110人；一支始祖邓立齐，已历8代，丁口53人；一支始祖邓文裕，已历6代，

丁口60余人；一支始祖邓文佑，已历6代，丁口60余人。以上四组合计丁口280余人。

（32）小榄朱族：始迁祖朱榄清由南雄珠玑巷迁居小榄，已历22代，丁口100余人。

（33）小榄杜族：始迁祖杜渭隐由南雄珠玑巷迁来小榄，其后辈有分支在香山圆山寨。已历26代，丁口190人。

（34）小榄孙族：始迁祖孙永奇明代由南雄珠玑巷迁居羊城。后三卫兵移居小榄，孙永奇和弟弟孙永源隶属于后卫，遂迁居小榄。已历24代，丁口200有余。

（35）黄旗都淇澳钟族：先祖由南雄珠玑巷迁居香山良都，再迁淇澳。丁口1 000余人。钟族另有别派在小榄镇钟家巷、谷镇西山、香山城西市，都来自新会，丁口有数百人。

（36）四字都大车林族：始迁祖林小三在宋南渡时由珠玑巷迁居小榄，后辈有分支在那洲田头等处。已历25代，丁口1 000余。

（37）谷镇平岚林族：始迁祖林鼎英，自宋代由南雄移居香山沙尾平岚埔。已历27代，丁口1 000余。

（38）上恭镇唐族：始迁祖唐绍尧，宋度宗时由南雄珠玑巷迁居新会，再迁香山唐家乡定居。六世祖唐广礼迁居鸡柏村，唐广润迁居东莞。七世族唐竹庄迁居那洲。十五世祖唐广元迁居新安。迁东莞不计，鸡柏村、那洲、新安三族合计丁口2 500余人。

以上38族，合计人口11万多。

2. 民国《开平乡志》所记各族简况

（1）张桥张族：源出于曲江，为张九龄后裔。至第五世张纲时从曲江迁居南雄珠玑巷。张纲的曾孙名张彻，从张彻的六世孙张誉开始居住在古冈州韩屋桥。张誉生张荣、张华、张昌三子，张荣居于新会

开平"名贤余忠襄公祠"

沙富，张昌居于开平沙冈，张华由古冈迁到开平张桥乡。至乡志撰写时，张桥张族已经33传，有男丁约8 000人。

（2）沙坝张族：与张桥张族同出唐代的张詧，张詧生张荣、张华、张昌三子，张荣迁新会沙富，张华迁开平张桥，张昌迁沙堤乐里。沙坝张族为张昌后裔，至乡志撰写时已历30传，男女总数50 000余。

（3）北潭梁族：宋大观中由山东郓州迁入广东始兴郡，后来梁邵迁居南雄珠玑巷，梁邵的孙子梁永保由南雄迁徙至新会城内仓步巷，梁永保的后人梁旺一又迁徙到开平安仁里，其后人再迁居北潭。至乡志撰写时，有男丁约10 000人。

（4）潭碧陈族：先世陈瑚先迁居福建龙溪，其五世孙陈文由福建迁居南雄珠玑巷。据《陈氏英翁族谱》所云，陈文的曾孙有个叫陈辉的，其妻妾共生了陈谟、陈宣、陈英、陈恺、陈润、陈图、陈仁七个儿子。陈谟三十岁左右时，遇见罗贵领导大家南迁，陈族有的随罗贵南迁，有的返回福建，有的娶了别处，陈谟兄弟则留在了珠玑巷。宋度宗咸淳九年（1273年）正月甲子夜，也许是因为珠玑巷即将沦入元人之手，陈氏兄弟连夜向南方逃生。陈谟的四个儿子迁到了古冈州德行里，又传了两代到陈有彰，在元大德年间又迁居新会宁冲泮，又传了五代到陈迪明，明宣德时陈迪明由冲泮迁居开平潭碧乡，为潭碧陈姓始迁之祖。至乡志撰写时，已经16传，男女总数约4 000人。

（5）东门许族：宋代许世杰任职南雄，从江西南昌迁入。南宋绍兴二十九年（1159年）许世杰儿子许若孙迁居肇庆，其后人迁到籍坑，又迁到铁冈岭。明万历二年（1574年）由铁冈岭迁仓步屯，后来开平建县时居住在东仁里。至乡志撰写时，人数约2 000余。

（6）西门谢族：宋招讨使谢华甫之后。谢华甫的儿子谢忠卿由南雄迁居新会周郡，至谢锡又由周郡迁到仓步屯（即开平城西门上湾、下湾等村）。至乡志撰写时，自谢华甫以后共26传，男女人数6 000余。

（7）棠红苏族：苏师佑最早由南雄迁居开平。至乡志撰写时，已经20传，男女人数3 000余。

（8）长沙圹劳族：先世由南雄迁居古冈州古劳。到了劳真兴，由古劳迁居开平长沙圹村。至乡志撰写时，已经19传，男女人数10 000余。

（9）滘堤司徒族：宋建炎间，司徒宣由南雄珠玑里迁居广州城高第街，后人再迁古冈州水东石坑。元至正年间，司徒新圹由石坑迁居

开平滘州。至乡志撰写时，有男女人数约 30 000 万。

（10）潭边园谢族：宋元祐年间，谢景温徙居南雄。谢景温的孙子谢才甫，由南雄珠玑巷迁居古冈州登明里豫富村。才甫的六世孙谢明迁至新宁德行都之双门，七世孙谢荣山由双门迁平康都仓前。谢荣山为潭边园谢族之祖。至乡志撰写时，已传 20 余代，男女 10 000 余人。

（11）开平黄族：宋代黄居正由福建迁居南雄珠玑巷。其子黄源深由珠玑巷迁居新会古冈州，其后人又迁至新宁潮境、船步。宋末时，七世孙黄文思由船步迁居开平北炎、黄屋、水背等处，历 24 传。二世孙黄国柄一支由新会杜阮乡迁居开平水口、泥冲、西蒉等处，历 28 传。十一世孙黄福佑一支由船步迁居蚬冈、顾边、齐圹等处，历 34 传。明代时，十二世孙黄源珪一支由潮境迁居厚山、厚背、黄烈等处，历 19 传。至乡志撰写时，男女人数约 20 000 万。

（12）独冈杨族：宋时由南雄珠玑巷迁入，开始居住在开平四九洞马山，后来移居独冈乡。至乡志撰写时，历 20 余传，男女人数约 2 000 余。

（13）魁冈陈族：陈猷南宋咸淳九年（1273 年）因胡妃事件从南雄珠玑巷徙居新会石头乡，后又迁居新宁矼瓦墩。陈纲元顺和（原文如此，疑误。按，元有致和、天顺、至顺等年号，在 1328—1330 年之间）年间由新宁矼瓦墩迁居开平魁冈。至乡志撰写时，已历 26 传，男女 3 000 余人。

（14）狮子罗村：宋太祖时罗氏先祖随大军南下，遂定居于南雄。绍兴元年（1131 年），罗贵等从南雄迁菌底，罗贵次子罗利用分居狮子罗村。至乡志撰写时，有男女 7 000 余人。

（15）楼刚吴族：先祖吴道成，唐穆宗时迁居福建莆田。吴道成的第九代孙迁居广东南雄珠玑巷。后吴猛魁在宋度宗咸淳八年迁居恩平仕洞乡，其后人吴书复迁居古冈州水南圹。至乡志撰写时，从吴道成开始凡 24 传，男女人数约 20 000 万。

（16）塘浪杨族：先祖杨元通，由江西吉水县到南雄任职，遂以南雄为家。三世孙杨心学，宋度宗咸淳年间因胡妃事迁居开平塘浪。至乡志撰写时，有男女人口 5 000 余。

（17）海心胡族：从胡扶摇开始居住在珠玑巷，胡扶摇的二世孙胡蒙祯迁居开平长沙洲，十世孙胡毅轩、胡木齐迁居海心。至乡志撰

写时，已历25传，男女2 000余。

（18）长沙梁族：宋度宗咸淳间，梁永保由南雄珠玑巷迁居古冈州仓浦港，其八世孙梁春一迁居开平长沙。至乡志撰写时，已历26传，有男女3 000余。

（19）钱冈简族：钱迪因为躲避宋末的兵祸，从南雄迁居开平钱冈。至乡志撰写时，有男女600余人，分居土圹、上郭等处的也有数百人。

（20）籍竹邱族：从邱后政开始居住在南雄珠玑巷，其后代宋度宗咸淳年间迁居古冈州蟛冈村。明永乐初年，八世孙邱俊杰迁居开平籍竹村。至乡志撰写时，有男女约2 000余。

（21）冲澄李族：宋代由珠玑巷迁居广州高第，再迁新宁根竹坑。从李仲秀开始居住在开平冲澄。至乡志撰写时，有男丁1 000余人。

（22）大冈李族：李任堂从南雄迁居新宁根竹坑，后人分居开平大冈乡。至乡志撰写时，有男女5 000余人。

以上22族，人口总计23万多。

3. 民国《台山县乡土志》所记各族简况

（1）陈族。

太祖陈舜始从南雄珠玑巷南来。陈舜、陈辉，陈辉生七子，按顺序分别是陈谟、陈宣、陈英、陈恺、陈润、陈国、陈仁。陈润、陈国、陈仁的子孙都不在广东。

陈谟生了四个儿子：老大陈心道，老二陈思道，老三陈性道，老四陈日道。陈性道生了两个儿子陈子述和陈可于。据说当年陈家从南雄迁来的时候，陈家的先人们认为近海的地方能生财，所以约定逢涌则止，也就是到了河流入海口的地方就不要再往前了。这样，陈姓子孙就分住在了台山泮春场，还建了陈陶公祠。以后，陈性道的子孙又商量给他建祠堂，并让陈子述的后人负责具体事务。结果陈子述的子孙暗地里将祠堂的横额刻成了陈振玉的名字（未知陈振玉具体为谁，可能是陈子述的字或者他的某一后代子孙的名字），并用红纸封好，不到揭幕之日，不准别人观看。到了祠堂建成揭幕的那一天，红纸一揭开，陈可于的子孙才知道被陈子述的子孙算计了。于是两房子孙大打出手。但是老打着也不是办法，最后还是双双坐下来，讨论了一个解决的方案：陈性道供在内祠，陈振玉供在外祠，两房子孙共同祭祀，

和解此事。

陈氏子孙住在夏春场的，约300户，男丁1 100余人。

（2）李族。

李族太祖名李联。李联生两个儿子李磕礁和李栋（原文时作"栋"时作"楝"）。刚从珠玑巷迁来的时候，李磕礁的子孙住在公益东头里，后来有分支分住滘口上冲水楼。李栋的子孙先住在横圹，后来分散到台山全邑。

李磕礁曾经随军出征镇压黎族，在阳江驻扎的时候，在军中病逝，葬于阳江官山。李磕礁的两个儿子李资善和李仁术，合资在广州长圹街建了资仁书室，又在滘口建了怡礼公（可能是李磕礁的字）的祠堂。李磕礁曾经做过尚书，故此族又称为尚书派。其字辈是：冠冕兆芳，庆（本）承天佑，奕世永昌，显扬伟业。

李栋一族称为任堂派，其长子李侃一族的字辈是修道立德、象贤希圣、学宗礼孟；次子李徇一族的字辈是乃祖南来、长发其祥；三子李怡一族的字辈是广衍云初、伟业始丰。

李磕礁两房子孙，分为上冲房和滘口房。上冲房子孙，从十四世祖起迁到了陡门上洞旧村，现在有约100户，并在旧村建了李氏宗祠。滘口房子孙，由十九世祖李冕峨起迁到了陡门下洞凉井园。李冕峨的大儿子李兆业，曾经给别人作过门客，传说他在陡门墟右边的一个水坑边洗手的时候，捡到了数百银元，于是就用这些钱办了养鸭场。这个地方就被叫做漏钱。李兆业死后就葬在漏钱。李兆业有五个儿子：长子李芳凤住于竹，次子李芳玑住小担，三子李芳琳住东岗村，四子李芳璘住硕仁，五子李珍芳在陡门墟演戏。李珍芳为了方便行人，将小路改造为大路，结果在修路的过程中发现了山大王的一副棺材，里面藏着银锭。李珍芳就用这笔钱从阳江迁到了海晏，又买了大量的良田。

李兆定（可能是李冕峨的另一个儿子）子孙居住在硕仁、（?）坑。这一支以李廷凤为少祖，将兆业葬在那雍，又在东冈山建了李廷凤、李蒲心的祠堂。

李氏子孙合计156户。

（3）萧族。

萧村萧族以萧何裔为从珠玑巷南迁而来的始祖。萧何裔生了四个

儿子：长子萧天锡，其后人一部分住在中山，另一部分住在新会周郡山风村。山风村一支后迁上开萧村，又分居蒲冈、大雕、竹蒿岭，几处合计有400余户人家。次子萧天成分住新会天河，三子萧天兴住东莞，四子萧天佑住增城，每房都发展为当地大族。萧村建有萧富平、萧有凤、萧孟安、萧崇玉的祠堂。另外，住在海晏萧村的也是萧天锡的子孙。

（4）甄族。

海晏甄族以甄舜河为从珠玑巷迁来的始祖。甄族初居古冈州大岳甄村，再迁马蹄冈，后迁新昌船头石一带。现分布四村：一是旺北村，为甄金山一族所居；二是霞坑村，为甄畴卿一族所居；三是石海村，为甄德固一族所居；四是簕海村，为六世祖甄德能一族所居。旺北村甄益卿房的一部分迁居凤山。霞坑村畴卿房的一部分迁居交簕。石海村德固房的一部分迁居交簕、郡扶。

光绪年间，因为四村地少人多，于是从祖产中拨款，建了交簕新旧两围。统计新旧两围93村，甄族男女5 600余人。以后又在凤山建了甄舜河太祖庙、甄赞业祠堂和甄氏宗祠。在大菱荷也建立甄氏宗祠。

甄族子孙众多，要根据字辈才能确定究竟属于哪一房。其四房字辈如下：

霞坑畴卿房由十六世起：元殿云龙子，成章冀圣（英）明，德泽敷方国，世为朝家宝。

旺北益卿房由十六世起：振参赞伟（洪）业，贤良永光显，英才勖盛国，达德升熙朝。

石海德固房从十三世起，内中又分为两派，其中一派为：可绍友卿经，家邦万世为，师表崇礼教，信义享安福（尊荣）；另一派为：可绍圣贤学，文华永吉祥，明廷开广运，修士启鸿基。

（5）谭族。

谭族始祖谭宏秩，字虔翁，唐末宋初避乱于南雄珠玑巷沙水村，后回到江西虔州。谭族在羊城万仓巷建有谭宏秩祠堂，并在两旁建有副祠。谭族祖祠甚为宏大，里面分为两层，有几百间小书房，为各处谭族士子赴考、求学歇息之所。祠堂前有横额曰榜眼祠，乃清同治十三年甲戌科榜眼、广东南海谭宗俊所题。大门两边有木刻楹联，曰"祖派承江右，宗支衍岭南"。

谭宏秩生谭洪、谭瀚两个儿子。谭瀚的儿子谭伯仓，宋真宗天禧二年（1018年）中进士，晚年迁居仁化县平山里。谭朝安迁居广州万仓巷。据说谭朝安是在宋末因为胡妃事件而随着罗贵南下羊城的。谭朝安生谭达、谭远、谭逵。谭达迁居肇庆开平龙圹，子孙因遭乱而奔走开平城南白水乡，后分散各地。谭逵迁居阳江雅韶，分布两阳、海晏沙蒲、汶村西门、仓定。

（6）容族。

容族以容严道为太祖。据说容严道从中原迁到珠玑巷迁来不久就去世了，他的儿子容山亭、容子严背着父亲的神主牌位，到处寻找好的风水地。到了寨门，两兄弟认为紫罗山是大龙大豹的风水宝地，于是就在寨门定居。荣山亭的子孙分居寨门、海晏街，容子严的子孙分居那岑、沙隄。寨门土冈村奉祀荣仓谷，龙尾村奉祀容仁，黄竹山村奉祀容宽英。

（7）徐族。

大担徐族，从珠玑巷迁来，以徐德三为太祖。徐德三生四子：长房和第二房住在阳江为美村。第三房分住在宴西乡大担，有300余户。第四房住在宴中乡为美村，男丁260余人，另外中间闸住有十余家。另外南洲有70余户，联合乡沙边村和北头村有10余户。

（8）伍族。

海晏那马冈伍族以伍柱国为太祖，伍柱国的孙子伍英甲为少祖。伍英甲因为祖居地斗洞地狭人稠，没有多余的地可以耕种，就以贩牛为业。据说有一天，伍英甲来到了海晏寻找住的地方，可是风水宝地早被先到的罗族占据了。伍英甲不得已，只好住在那马冈。伍英甲生了伍真荫、伍真雨两个儿子。伍真雨又生了五个儿子：老二伍乾佐最聪明，叫了一位看风水的先生，看了一块宝地，然后嘱咐子孙，说有了钱以后，一定要在此地为自己建一座祠堂。而建祠堂的时候，其后人又请了江西有名的风水大师指点，故而将伍乾佐的祠堂建在了最好、最高的位置。因此，那马冈地方虽然大，但是却只有吴乾佐的祠堂占了好位置。伍乾佐生了两个儿子伍午燧和伍午秉，都住在那马寨。那马寨的伍族男丁，大概有800多人。

伍真雨的长子伍乾元子孙，住在那马冈、大茅荷，有男丁650多人。第三子伍乾亭子孙住在那马冈，有男丁500余人。第四子伍乾相

子孙也住在那马冈。

伍英甲的子孙，还有 10 余户住在九乡沙边村，绿园、后冈、沙湾等地也有一些。

（9）樊族。

白石村樊族奉樊洪亮为太祖。当年樊洪亮从珠玑巷迁来的时候，共有兄弟五人，先到广州龙眼洞居住，后来其余四兄弟分居东莞、新会、南海等处。樊洪亮到海晏宴中乡的时候，从白石村以下的地方，都是惊涛骇浪的大海，不能居住，只能住在白石村。樊洪亮先盖起了几间茅屋，然后开辟土地，成为白石村开族之祖。其子孙现在分布在白石村的有 100 户，在北金村的有 50 户。

（10）冯族。

南头冯族奉冯东明为太祖。当年冯氏从珠玑巷迁来时，就一直居住在海晏联合乡南头，直到今日。乾隆年间，南海冯成修高中状元，到南头拜谒祖先，出钱围绕着寨子修了大围。海晏从此开始筑围。南头冯族有 50 余户，另外那扶有 10 余户，那开有 10 余户，海边有三四户。南头建有冯东明祠堂。

（11）袁族。

始祖袁润因为胡妃事件从珠玑巷南下，在新宁独冈居住。袁润生五子：长子袁福逊，其子孙住在台山大塘、牛路、独冈；次子袁宁逊，其子孙住在冲蒌宁州村；三子袁寿逊，其子孙住在海晏双石村；四子袁创基，子孙住冲蒌福安村；五子袁创业，子孙住新会城紫泥塔与阳江。袁福逊、袁创基两房，每房丁口都在 1 000 多人。袁宁逊、袁寿逊两房，每房丁口 100 多人。

（12）赵族。

海晏赵族的始祖赵崇垓，据说是宋室子孙。宋室沉沦，赵崇垓带着金银财宝，由南雄南下。为避人耳目，先绕道恩平到阳江，再由阳江而河仔，而北桂，而陡门，一路买田却不肯立足。后由陡门渡海，先上大担，再到那雍，最后找到了认为可以开族立村的海晏，才定居下来。

4.《高要县志初编》（1947 年）卷三

（1）荔林孔氏。

唐散骑常侍孔昌弼避朱温叛乱，南迁南雄府保昌县平林，为孔氏入粤之祖。孔昌弼孙子孔承休，迁广州彩虹桥，为广州、肇庆、惠州

孔氏之祖。孔承休曾孙孔安愈迁居高要府城南温贯都的荔林，是高要孔氏之祖。

孔安愈生二子，一个叫孔杰，一个叫孔位。孔位生孔儒望，迁居大幕都。孔杰，字家修，生孔茂嵩，仍居于荔林。宋绍兴间，孔茂嵩曾经做过地方官。孔茂嵩的长子孔（伯）鼎，隆兴年间做过中书舍人。自此直到明末，其后裔常常有做官的。清代道光年间，其远孙孔广扬曾署顺德协副将。宣统时孔昭浦选拔为贡生。

荔林孔氏明永乐十一年（1413年）开始立家谱，清雍正八年、同治三年重修。

自始迁至今已历31世，丁口900多人。

（2）魁星都孔氏。

孔伯鼎的14世孙孔贞志明末迁居魁星都，至今已历14世，有丁口170余人。

（3）金西孔氏。

孔伯鼎的17世孙孔兴亮，清初迁居金西长旗。至今11世，丁口有100余人。

（4）白沙村孔氏。

孔茂嵩的次子孔仲升，由荔林迁居高要城西龙潭都白沙村，为白沙孔氏之祖。进士孔梦协、孔泰初，举人孔则铭，岁贡生孔庆熏等，都是其后裔。迄今已历27世，有丁口230余人。

（5）上孔村孔氏。

孔茂嵩第三子孔叔显，由荔林迁居马安都孔洞，亦即今上孔村，至今已历23代。

（6）二甲村孔氏。

孔叔显的第9世孙孔伯鳌，本名诏，字尚德，号振东。明初，孔伯鳌在金利做生意，就在金溪二甲村安了家。孔伯鳌是二甲村孔氏之祖。至今已历21世，约有130人。

（7）王臣仇氏。

宋代从南雄珠玑巷迁来高要县东南赤坜都王臣村。已历25代，丁口约270人。

（8）朱紫岌王氏。

先祖来自南雄珠玑巷。明末王何绪迁居高要县南朱紫岌。已历15

世，有丁口 100 余人。

（9）下窝文氏。

宋代文天聪从南雄珠玑巷迁居高要县东南良村甲下窗村。已历 28 世，丁口 300 余人。

（10）龙剑村文氏。

文天聪的后裔中有一个叫文仪的，明代时分居禄栏都龙剑村。已历 20 世，丁口约 160 人。

龙剑村文氏还有一支，其始祖名文泰厚，也是文天聪的后裔，原居思福山嘴村，明代时迁到现址。已历 17 世，丁口约 120 人。

（11）河南方氏。

其先祖来自珠玑巷。明代时方汝瑞开始在高要县东文明堡河南里居住，故里名又曰方村。已历 27 世，丁口 30 多人。

（12）横槎石氏。

宋初石尧天自南雄珠玑巷迁居县东横查都横槎村。已历 28 世，有丁口 90 余人。

（13）钱宁石氏。

其祖先来自南雄珠玑巷。明初钱恭穆迁居高要县东河旁钱宁坊。已历 24 世，丁口约 90 人。

（14）温贯甘氏。

其祖先由南雄珠玑巷迁来。明代开始居于高要县南温贯都现址。已历 20 世，丁口约 120 人。

（15）蓝村江氏。

其祖先从南雄珠玑巷迁来。江璧新迁居于高要县西南大湾蓝村。已历 18 世，约有丁口 60 人。

（16）榄冈伍氏。

宋时伍南安由南雄珠玑巷迁居高要县东榄冈都平坦村。已历 30 世，丁口约 50 人。

（17）上围伍氏。

宋时由南雄珠玑巷迁居高要县南新江上围村，始祖不详。已历 22 世，丁口约 150 人。

（18）高第伍氏。

祖先宋代从南雄珠玑巷迁来。从伍彦卿开始居住在高要县南都高

第村。已历18世，丁口约400人。

（19）社布伍氏。

高第伍氏分支。始祖名伍太聪，明时由高第村迁居社布。已传16世，丁口约160人。

（20）留堂村伍氏。

高第伍氏分支。明崇祯年间，伍象然由高第村迁居留堂村。已传11世，丁口约50人。

（21）岭村伍氏。

高第伍氏分支。伍朝进由大湾迁来漾都岭村，现有丁口约100人。

（22）平布伍氏。

先祖从南雄珠玑巷迁来。明时伍受章始居高要东南小洲都平布村。已传14世，丁口约70人。

（23）罗客朱氏。

宋咸淳末朱安因事从南雄珠玑巷迁居高要县东南松柏坑。其子朱士珍的九个儿子中有一个分居于官荣都罗客村。已历28世，有丁口约50人。

（24）（珠）帽冈朱氏。

朱士珍第七子朱元英，在宋末元初时由松柏村迁居金利都（珠）帽冈村。已历24世，丁口400余人。

（25）稔塘朱氏。

朱元英的第九世孙朱广，明洪武初自（珠）帽冈迁居岩前都稔塘村。已传24世，丁口150余人。

（26）宾日社朱氏。

始祖名朱仲升，字增俸，是朱广的第13世孙，于清康熙八年由稔塘迁居黄江都现址。已传11世，丁口60余人。另有分支在军屯村和黄冈阜通社。

（27）珠锦冈朱氏。

朱元英的后代有叫朱以临的，于清雍正年间由（珠）帽冈迁居珠锦冈。已传15世，有丁口约150人。

（28）珠冈朱氏。

朱士珍第八子朱元琛，由松柏坑迁居金利都朱冈村，为其始祖。从宋末元初至今已历29世，丁口约200人。

（29）白藤冈朱氏。

朱冈派有一个名叫朱镇国的，在清乾隆年间迁居白藤冈。已传11世，有丁口70余人。

（30）黄坑朱氏。

朱元琛的儿子中有叫朱荣的，明初迁居小洲都黄坑村。已历20世，有丁口150人。

（31）沿塎村朱氏。

朱元琛的后裔中又有叫朱志明的，在明洪武年间迁居白土都沿塎村。已传19世，丁口800余人。

沿塎村朱氏另有一支，由朱元琛的后裔朱诈昌在明永乐时迁来。已历19世，丁口约200人。

（32）荔枝冈朱氏。

由朱绪新在明代时由沿塎村迁来。已历21世，丁口约50人。

（33）榄塘朱氏。

由朱元琛之后裔朱君服在明代迁来乌石都现址。已传15世，有丁口130人。

（34）湖坑朱氏。

明洪武间朱亮洪从南雄珠玑巷迁居高要县南湖坑村。已传17世，丁口60余人。

（35）桃溪何氏。

据说韩姓出自战国末韩釐王庶子韩瑊。秦灭韩的时候，韩瑊躲了起来，并易姓为何。从韩瑊传32世到韩昶，曾做过东晋的御史参军，死后追赠青海军节度。韩昶的孙子韩迥、韩迈徙居南雄珠玑巷，此后又经过12世到了韩秘。韩秘总共生了五个儿子：长子韩琇留在南雄奉守宗祠；次子韩琛做了承事郎，他的儿子大鉴徙居番禺沙湾；三子韩珮在宋宁宗庆元五年中进士，后在肇庆任职，解职后住在肇庆城东的棹桂坊，不久迁居砚山东部的中屏冈化龙坊；四子韩瓒迁新洲；五子韩琪迁循州。

桃溪何氏在高要分支，主要分布有心溪系（大布冈）、五通巷系（西门后街）、庙村系、天冷冈系（石溪山塘）、排子地系（聚觊冈）、如南坊系（门楼坊）、何凹系（明洞）、壤鹤系、新塘系、冷水系、大布系、鳌围系、江河系。各系的丁口不详。

（36）茅冈何氏。

何寿祖在宋代由南雄珠玑巷迁居高要县东南范州都茅冈村，为其始祖。已历27世，丁口约180人。

（37）深源里何氏。

茅冈何氏的分支。宋末何税养从茅冈迁居范州都深源里。已历23世，丁口约60人。

（38）眠冈何氏。

茅冈何氏的分支。始祖何贵宗，元代由茅冈迁居范州都眠冈。已传23世，丁口180人。

（39）罗竹何氏。

深源里何氏的分支。明洪武初期由深源迁居罗竹。始迁祖不详。已历22世，丁口约850人。

（40）东冈何氏。

罗竹何氏的分支。明初何世德由罗竹迁居横查都东冈。已历21世，丁口250人。

（41）鹅塘何氏。

东冈何氏的分支。明中叶何秋月由东冈迁居邻村鹅塘。已历16世，人口约90人。

（42）贝水新村何氏。

东冈何氏的分支。清初何德实、何德华兄弟由东冈迁居贝水新村。已历14世，丁口100余人。

（43）陈村何氏。

深源里何氏分支。明嘉靖年间何发英由深源里迁居陈村。已历17世，丁口约50人。

（44）料村何氏。

茅冈何氏的分支。明初何承宗由茅冈迁居料村。已历20世，丁口约500人。

（45）罗客何氏。

茅冈何氏的分支。明末何汝球自茅冈迁居官棠都罗客村。已历14世，丁口62人。

（46）渡口何氏。

始迁祖何方锡，宋末由南雄珠玑迁居富湾墟渡头。已历22世，丁

口约 350 人。

（47）广圹何氏。

始迁祖何云龙，宋末由南雄珠玑巷迁居高要县南马安都广圹（塘）村。已历 27 世，丁口约 300 人。

（48）簕竹园何氏。

始迁祖何一壮，明初由南雄珠玑巷迁居高要簕竹园。已历 22 世，丁口 90 余人。

（49）西岸何氏。

始迁祖何祚昌，明初由南雄珠玑巷迁居高要县东南的头溪都西岸村。已历 21 世，丁口约 60 人。

（50）何田何氏。

据说宋代咸淳年间有一个叫贵三郎的[①]，从南雄珠玑巷迁居番禺沙湾村，其后人又迁居南海登州村，又迁居潭村，又迁居清远。传至何庆庚的时候，迁到了高要县横石都古斗村。明初，又迁到银江都何田村，从此定居下来。何田何氏以何万邦为族祖，又以何庆庚为始迁祖。何田何氏从何万邦到今已历 24 世，丁口约 380 人。此外，何田何氏还有分支在新桥、横江、银江、门坳、鹧鸪坑、山圹、坑圹、禄洞、大基头等处。

（51）仙洞何氏。

先祖来自南雄珠玑巷。从清初何家隆开始居住在高要县南横江都仙洞村。已历 13 世，丁口 80 余人。

（52）庆云社何氏。

始祖来自南雄珠玑巷。清嘉靖年间开始居住于高要县城西庆云社。已历 6 世，丁口约 70 人。

（53）孝友何氏。

始祖来自南雄珠玑巷。从何权开始居住在高要大湾孝友村。已历 10 世，丁口 70 余人。

---

① 在珠玑巷和珠三角很多人家的族谱上，常常能看到其最早的几代祖先的名字结构都类似于"贵三郎"。不过，这样的名字显然不符合汉人的习惯。这使我们常常对这些人家的早期民族身份产生怀疑，也对其关于早期祖先的叙事产生怀疑。事实上，在长期的民族融合过程中，许多少数民族后来采用了汉姓是常见的现象。最明显的例子，是李唐王室本来是正统的胡人血统（见陈寅恪：《统治阶级之氏族及其升降》，载《隋唐制度渊源略论稿》，河北教育出版社 2002 年），但是后来却自称是老子的后裔。又比如满族在民国以后，基本上已经全部采用了汉姓。

（54）尊心李氏。

宋代李泽安由南雄珠玑巷迁居高要县东南白土都尊心村。已历 28 世，有丁口约 60 人。

（55）富佛李氏。

宋淳祐年间李弥昌由南雄珠玑巷迁居高要县东南魁星都富佛村。已历 23 世，丁口 540 人。

（56）银江李氏。

宋淳祐年间李开保由南雄珠玑巷迁居高要县南银江村。已历 21 世，丁口 380 人。

（57）陈村李氏。

宋淳祐年间李万全由南雄珠玑巷迁居高要县东南陈村。已历 22 世，丁口 360 人。

（58）贝水新村李氏。

宋淳祐年间李良楠由南雄珠玑巷迁居高要县东贝水新村。已历 28 世，丁口约 200 人。

（59）南岸李氏。

宋淳祐年间李粤田由南雄珠玑巷迁居高要县南马安都南岸村。已历 29 世，丁口 150 人。

（60）蔗村李氏。

宋咸淳年吉安李朝安由南雄珠玑巷迁居高要县城西，再迁居樟村都蔗村。已历 26 世，丁口约 200 余人。

（61）院主李氏。

宋咸淳年间李文富、李文贵兄弟二人由南雄珠玑巷迁居高要。李文富居于桂峰都院主上村。已历 22 世，丁口约 260 人。院主李氏还在彭寿、沙湾、沙岩、新围、双鱼洲、上布等地有分支。

（62）塘冈李氏。

宋咸淳年间李秀实由南雄珠玑巷迁居高要岩前都塘冈村。已历 25 世，丁口约 200 人。

（63）罗秀李氏。

宋咸淳年间李南玑由南雄珠玑巷迁居高要县东南新罗都罗秀村。已历 22 世，丁口约 120 人。

（64）古孟李氏。

宋咸淳年间李仲缘由南雄珠玑巷迁居高要县官棠都古孟村。已历18世，丁口80余人。

（65）牌楼、群冈、新屋三李氏。

宋末李光朝由南雄珠玑巷迁居广州。李光朝生李莫、李整。李莫分居龙江。李整生李刚、李安民。李安民分居西南。李刚居高要县东宝槎都牌楼村，为牌楼李氏之祖，至今已历27世，有丁口200余人。

此族李氏还分布在千秋冈、温莫、朝南、禄冈、荣塘、沙浦、朝魁里、罗水等地。

（66）砚州东股李氏。

先祖李幸仁宋景炎年间寓居南雄珠玑巷，其四世孙李志远迁居高要县东文砚州东股之毓秀坊。李氏四房，大房、四房传18世，二房、三房传24世，四房合计丁口约500余人。

（67）庆洲李氏。

元末明初李汝祯从南雄珠玑巷迁居高要县东南堪都庆洲村。已历24世，丁口约80人。

（68）横村李氏。

元末明初李龙芳从南雄珠玑巷迁居高要县东河旁之横村。已历25世，丁口1 000余人。

清明祭祖

（69）砚东李氏。

先祖李珩，据传为明洪武举人，因事携家从南雄珠玑巷迁居肇庆，在高要东蚬冈择地而居。已历22世，丁口1 500余人。

（70）腰冈李氏。

明初李元其从南雄珠玑巷迁居高要县东南傍湖都腰冈村。已历21世，丁口500余人。

（71）围边李氏。

明初李葵芳从南雄珠玑巷迁居高要县东南白土都围边村。已历23世，丁口约90人。

（72）敦厚里李氏。

明初李嵩山从南雄珠玑巷迁居高要县东文明堡敦厚里。已历21世，约有丁口28人。

（73）村头李氏。

明初李少常从南雄珠玑巷迁居高要县东文明堡村头。已历29世，丁口20人。

（74）榄圹李氏。

明初李显卢从南雄珠玑巷迁居高要县南乌石都榄圹村。已历20世，丁口110人。

清康熙年间李挺臣从榄圹村迁居横江都云美村。至今已历12世，丁口约90人。

（75）圹基头李氏。

明永乐二年李灿从南雄珠玑巷迁居高要县南新江都圹基头村。已历21世，丁口200余人。

此族李氏还有一些分布在滦上、古迹、禾地嘴、冲坑、隔圹、垠尾等村。

（76）黄坑李氏。

先祖来自南雄珠玑巷。明初李至森迁居高要县南小洲都黄坑村。已历18世，丁口80人。

（77）龙沙李氏。

先祖来自南雄珠玑巷。明代李孙迁居高要县东南白土龙沙村。已历15世，丁口100人。

清康熙年间李茂经由龙沙迁居坑大村。已历15世，丁口150余人。

（78）横石李氏。

始祖李石隐在明代时从南雄珠玑巷迁居高要县南横石村。已历18世，丁口180人。

（79）新村李氏。

先祖来自南雄珠玑巷。明嘉靖年间李成全迁居高要县南新江都新村。已历16世，丁口60余人。

（80）长旗李氏。

先祖清顺治年间从南雄珠玑巷迁居高要县南长旗村。已历15世，

丁口约 400 人。

后李元亮从长旗村迁居横江都活村。已历 17 世，丁口 150 余人。

（81）牛围李氏。

先祖由南雄珠玑巷来，清顺治年间始居高要牛围村。已历 15 世，丁口约 150 人。

（82）竹洲吴氏。

始祖吴进英，宋进士，从南雄珠玑巷迁居高要东南柏树都竹洲村。已历 23 世，丁口约 150 人。

宋末吴辛兴由竹洲村分迁古坝洲村，至今已历 23 世，丁口约 150 人。

明万历年间吴永昌从竹洲村分居香山村，至今已历 18 世，丁口约 80 人。从香山分出的具水脉地村也已有 18 世，丁口 40 余人。

吴进英的第四世孙吴其进，明初分迁高要禄栏都赤水圹，至今已历 21 世，丁口约 400 人。吴进英的另一个后裔吴国礼明初迁居高要西约村头，至今传 19 世，丁口约 50 人。

（83）沙浦吴氏。

始祖吴贵安，元时自南雄珠玑巷迁居高要县东南烂柯山西岸村，元明间其七世孙吴万寿等举族徙居沙浦中心坊定居。至今已历 21 世，丁口 70 人。

（84）茶冈吴氏。

明初吴敬泽由南雄珠玑巷迁居高要东南桂平都茶冈村。已历 19 世，丁口 100 人。有竹园和沙头两个分支，共有丁口约 100 人。

（85）寻边吴氏。

明末吴世富由南雄珠玑巷迁居高要县西北寻边村。至今已历 15 世，丁口 70 余人。

（86）凤山吴氏。

明代吴常从南雄珠玑巷迁居大湾迳口，即今凤山。已历 13 世，丁口约 50 人。

（87）东坑口余氏。

清初余汝安由南雄珠玑巷迁居高要县南东坑口村。已历 13 世，丁口 150 人。

清乾隆年间余文兴由东坑口迁至蕨坑，至今已传 13 世，丁口约

80 人。

（88）沐梓里杜氏。

宋代杜道德由南雄珠玑巷迁居高要县东南金西都沐梓里。已历 24 世，丁口约 300 人。

明万历年间杜日芬由沐梓里迁居禄冈村萃龙坊，至今 21 世，丁口 200 余人。

杜日芬的次子杜福叙和三子杜福佑迁居石湾村，已传 21 世，丁口 100 余人。

清初，杜日芬长子杜福庆的孙子又由禄冈分居头溪都涌尾村，今有丁口 30 余人。

清末杜盛怀由沐梓里迁居高要县城西之禄步都白土村，有丁口 50 余人。

清道光间杜均远由沐梓里迁居新江门坳村，至今已传 7 代，丁口 40 余人。

（89）隔布杜氏。

明初杜仲恩自南雄珠玑巷迁居高要县西桂林都之隔布村，至今 20 世，丁口约 150 人。

（90）宋墩宋氏。

据说江西进士宋肇雄曾知保昌县，因避乱移家新会松江村，后迁古劳都陈婆村，再迁萃冈挹熏里，其后人徙居高要县东之高墩里。已历 24 世，丁口 40 余人。

（91）墨编利氏。

宋理宗时，利文杰因避战乱，由南雄珠玑巷迁居高要良江甲墨编坊。已传 25 世，丁口 1 200 余人。

（92）龙潭岑氏。

始祖岑绍祖，明初由珠玑巷迁居高要县南白诸之龙潭村。已历 22 世，丁口约 50 人。

（93）云料吕氏。

先祖来自南雄珠玑巷。明嘉靖三十二年吕万城始居高要县西北漾源都云料村，已传 16 世，丁口约 100 人。

（94）潘圹洞吕氏。

先祖由南雄珠玑巷来。明末吕德魁始居高要县南蟠龙冈。已传 12

世，丁口约 50 人。

（95）蓝塘周氏。

明洪武年间周潜宾从南雄珠玑巷迁居高要城东岩前都之蓝塘村，已传 20 世，丁口约 50 人。

清康熙年间周彦生由蓝塘村迁居凤冈，至今已历 8 世，有丁口 50 余人。

（96）东冈周氏。

始祖周才于明正德年间由南雄珠玑巷迁至高要黄江都东冈村。已历 18 世，丁口 150 人。

（97）杜村林氏。

先祖来自南雄珠玑巷。元时林双泉迁居高要县东南杜村。已传 19 世，丁口约 80 人。

明时一部分人从杜村迁居富金村，至今已传 20 世，丁口约 130 人。

（98）永宁邵氏。

先祖邵雄，河南登封人，宋时徙居南雄珠玑巷。元初，第三子邵梅隐迁居高要县东长利都查浦，即今永宁村。至今已 26 世，丁口约 200 人。

（99）金屋金氏。

始祖金师养，元时由南雄珠玑巷迁居高要县南银江都金屋。已历 21 世，丁口约 130 人。

（100）蚬东帅氏。

先祖来自南雄珠玑巷。明时帅从协迁居高要县南之下冼都蚬冈东村。已传 16 世，丁口约 70 人。

（101）禄村胡氏。

宋咸淳年间胡宣义由南雄珠玑巷迁居高要县东南禄罗都之罗村，即今禄村。已历 14 世，丁口约 120 人。

（102）外迳俞氏。

始祖俞肇端，宋咸淳年间因胡妃之祸由南雄珠玑巷迁居高要县西之小湘外迳村。已历 24 世，丁口 100 余人。

（103）宋隆夏氏。

先祖夏靖喜随宋高宗南渡，居于会稽。至第六代孙夏东隐，徙居南雄珠玑巷。宋度宗咸淳九年再徙广州。夏东隐孙子（？）夏椅始迁

高要县东南清泰乡。夏椅的儿子夏启学生四子，其中长子和次子分居高要县境，为宋隆诸夏氏之祖；三子和四子桥头、潭边、石嘴诸村。

（104）温贯唐氏。

宋时，唐朝英由南雄珠玑巷迁居高要县南温贯村，已传25世，丁口约350人。

（105）冈边唐氏。

宋末，唐斌由南雄珠玑巷迁居高要县东南塘边村，即今冈边村。已历20世，丁口约500人。

明末唐侣兰由塘边村迁金溪之二甲村，至今已13世，丁口约80人。

（106）大基头徐氏。

先祖来自南雄珠玑巷。明初徐伦始迁高要县南白诸堡大基头村。已传23世，丁口约100人。

明时，徐炽由大基头村迁居金山都长湖村，已传16世，丁口约100人。

（107）耕沙涂氏。

清代，先祖涂载明从南雄珠玑巷迁居高要县南安怀堡耕沙村。已传9世，丁口约70人。

以上各族合计，约23 800人。

5. 民国《新会县乡土志》所载部分氏族简况

"新会县全境分三大区：曰邑城、曰东北、曰西南。乡村无虑七百余。男口逾万者十余族，千口以上者，偻指不胜数矣。综查各谱，其始迁本境之祖，皆唐以后人。至宋度宗咸淳九年，由南雄珠玑巷迁至者，约占全邑氏族之六七焉。"

（1）冯族。

广东冯族出于北燕。据说南朝宋元嘉十四年（437年），北燕冯宏派他的儿子冯业带着300多人，浮海来到广东，宋文帝封其为新会郡太守，封怀化侯，从此定居番禺。冯业的第19世孙冯宁帮，元初由开平县甘村迁居新会，子孙分居新会县城爵芳巷紫竹里及天马乡、企榜乡冲口市等处，合计各房男丁约2 000人。

冯族还有一支。据说冯业的后裔冯元昌，于南宋咸淳九年（1273年），带着兄弟七人从南雄珠玑巷迁居香山大良角。此后又传了10世到

冯诚大，迁居到新会近城的大口冲，以后分散到周围各乡。此支人口也有约 2 000 人。

（2）石头陈族。

先祖为陈猷，汴梁人。金人陷汴，陈猷从汴梁迁居南雄珠玑里，后移居新会下峒，再迁石头。现有丁口约 2 000 人。其别支分居陈冲、天湖鹤、马能各乡，总计约 20 000 人。

此外，新会县城产湾的陈族，据说是陈珠的后裔。陈珠也是在南宋初由汴京迁南雄，再迁新会的。

（3）河圹李族。

南宋末由南雄珠玑里迁新会，现有男丁 3 000 余人。

新会县城务前李族，宋末时由南雄珠玑巷迁到新宁，九世祖李朝德迁到新会务前。现有男丁 600 余人。

（4）杜阮黄族。

此族出于宋代黄由。据说黄由字居正，江南长洲人，为宋淳熙进士，曾官天章阁待制、吏部侍郎，后因事出为广南漕运使，先迁居南雄珠玑巷，再迁新会杜阮乡。现子孙聚集，有 20 000 多人。

黄涌黄族是从杜阮黄族分出的一支，现有丁男 5 000 余人。

（5）谭族。

一派为幕凌谭族。远祖谭宏秩，自北宋建隆三年（962 年），由江西虔州入粤。先住在南雄州保昌县珠玑巷，后迁居韶州仁化县，再迁广州。据说谭宏秩的孙子谭伯仓，宋庆历进士，官至吏部侍郎、刑部尚书。谭伯仓曾孙谭凌迁居新会龙圹。此后，一个叫谭兰山的，由龙圹迁居到新会城东门外的东头村。谭兰山的孙子谭彦实，又于元代迁到了凌涌。凌涌谭族的别支再传 11 世到谭昭璇，又于明万历中期迁到南坦。幕凌谭族还有一别支住在浚涌，是明正德年间由新宁白水迁到浚涌的。现浚涌谭族有丁约 5 000 人，南坦谭族有丁约 2 500 人。

一派为万庄谭族。始祖谭乾，本河南汴梁人，因宋建炎初为广州判官，遂居于广州城仓边街，后迁新会天河仓边村。传 4 世后到谭万庄，分居天河堡十三乡。传 5 世到谭广怀，由天河迁居白石乡。现居天河的谭族有男丁 4 000 余人，居白石的谭族有男丁 1 000 余人。

天河谭族中还有一支，来自南雄珠玑巷，宋咸淳九年（1273 年）迁至新会，与万庄派异村而居，现有男丁约 700 人。

（6）河塘容族。

先祖本敦煌人。据说宋初有一个叫容沙的，做了南雄州保昌县令，就居住在了南雄珠玑里。宋末，容氏迁居新会潮居里之容村。元末，容以安再迁居河塘良村。现河塘容族有成年男丁 3 000 多人。其余还有分散在洋美、古井、泰坑、新村、井根等地的容沙后裔，也有丁口 1 000 有余。

（7）做笔街黎族。

始迁祖黎宏芳，南宋末由南雄珠玑巷迁居南海县泮塘乡。其子黎承宗，据说为元延祐二年（1315 年）进士，历官江西行中书省参政等职。黎承宗传三世到黎恭爱，于明洪武年间，从泮塘乡迁居新会长沙乡，再迁新会城南礼仪坊新魁滘。从黎承宗起已传 22 世，现有丁口 1 000 余人。

（8）白石唐族。

始迁祖唐雄源，宋末由南雄珠玑巷迁居新会。今丁口 1 000 余人。

（9）江门范罗岗吕族。

始迁祖吕浩然，南宋末由南雄珠玑巷迁居新会丹桂乡，再迁范罗岗。今有丁男 3 000 余人。

（10）小冈梁族。

入粤始祖梁子美，字才甫，据说宋大观中曾官至中书侍郎。由山东郓州入广东，居始兴郡。儿子梁绍，举进士，在广东提刑司任职，后迁居南雄珠玑巷。梁绍生二子：长子梁抚民，举进士，官至司谏。梁抚民的儿子梁永保，亦进士，官至知登闻检院（原文如此，疑误）。梁永保始迁新会，居城内仓步巷。梁永保的儿子梁彦雄，绍兴进士，官至侍郎，由仓步巷徙居冲翼石桥。梁彦雄传 7 世到梁乐天，咸淳己丑进士，官至集贤院学士，迁居天台山即今小冈山下。现分为八个村子，有男丁约 6 000 人。

梁族还有双郡派。据说梁子美传 3 世到梁爱民，因为自己没有儿子，所以过继了妹妹的一个儿子，取名梁施。梁施生了两个儿子梁璟、梁璋。两个儿子不愿姓梁，想恢复自己的区姓。结果打起了官司，官家和稀泥，各打五十大板，命令在其族称前同时冠以平阳（区氏郡望）和安定（梁氏郡望）的称号，区、梁两宗都兼顾着。从此此族梁姓被称为双郡派，当地人又称为区梁。现塔岭、白庙、小泽等乡都出

自此派，有丁口 10 000 余人。

（11）邑城尚书何坊族。

据说出自宋尚书仆射桌桌十郎（原文如此，疑误。按，宋无此名任宰相者），因宋南渡，其子太郎徙居于南雄，又再迁新会何村。后传 10 世到何泰宇，迁居新会新魁溍。其子何熊祥曾官南京吏部尚书，明万历年间迁居新会城内。现有丁口约 2 500 人。

（12）李姓。

始祖中原人。分为三支迁入新会：一支为七堡李姓，入粤始祖在宋靖康期间迁南雄珠玑巷，后迁新会云步，元初迁至七堡朝阳里高地村；一支为荷塘李姓，南宋末由南雄珠玑巷迁居新会；一支为务前桥李姓，南宋末由南雄珠玑巷先迁台山，后迁新会。现李姓分布在三江、礼乐、棠下、荷塘、司前、罗坑、古井、沙滩、睦洲、环城、崖西、杜阮、大泽、七堡、崖南、崖门、会城等 17 个区。其中聚居 1 000 人以上的乡有 19 个，分别为：三江区的深吕、新谢；荷塘区的塔冈、篁湾；司前区的小坪、雅山、天等、石名、昆石、石步、石桥；古井区的古井；崖西区的甜水、明苹；七堡区的建新、南北、文明、朝阳、潭冲。

（13）吴姓。

原中原人。宋咸淳年间由南雄珠玑巷迁居新会。分布全县 22 个区，其中聚居 1 000 人以上的有 4 个：棠下区的横江，古井区的文楼、玉州、古井。

（14）钟姓。

始祖金陵人。入粤南迁，先居南雄、广州，再迁新会。分布在三江、礼乐、棠下、荷塘、司前、小冈、牛湾、双水、古井、沙滩、睦洲、大鳌、环城、崖西、杜阮、大泽、崖南、会城等 18 个区，其中聚居 1 000 人以上的乡有 5 个：三江区的官田，友水区的东北、蒻头，古井区的古井，大泽区的谭塾。

（15）周姓。

据传原为中原人，南迁南雄珠玑巷，后迁新会。分布 17 个区，其中聚居 1 000 人以上的乡有 3 个：棠下区的沙富，大泽区的潮透和田金。

（16）刘姓。

原是中原人，始祖先迁南雄珠玑巷，后迁新会。分布 16 个区，其中聚居 1 000 人以上的有 4 个：荷塘区的蟠步，双水区的双水，环城区的河北，大泽区的沙冲。

（17）叶姓。

原是福建人。南宋入粤，自南雄珠玑巷迁居新会各地。分布全县 18 个区，其中聚居 1 000 人以上的有环城区天禄乡。

我们用了很多的篇幅，不厌其烦地列举了几处地方志中有关各族的世系和人口状况。通过这些列举，我们可以看到珠江三角洲一带珠玑移民后裔的繁殖和发展状况：当他们的祖先从南雄迁来的时候，还只是小小的一家，也许只是几个、十几个人，但是，经过了若干世代之后，他们衍生成为了一个个庞大的氏族，小的有几十、数百人，而大的已经有了数万人！我们还应该想到，虽然从总的趋势上来说，珠江三角洲的人口数量呈现不断上升的状态，但是这并不意味着每个氏族的人口都是永远上升的。上面所列举的人口相对比较少的氏族，也可能在历史上的其他时期人口曾经繁盛过。如果我们再想一想：在从秦汉至清代的漫长历史时期内，要形成如此规模的人口，要经历多少代人！看以上所列举出的氏族世系，那些从宋代开始迁居到珠江三角洲的人家，大多数已经历了 20 多代甚至 30 代的繁衍。如果将历代的人口——那些曾经在这片土地上生活的人——加起来，又将会是一个多么庞大的数字！上面所列举的，不过是开平、香山（中山）、台山、高要、新会几个地方在某一个时段中的珠玑移民后裔，而不是全部珠江三角洲所有时代中的珠玑移民后裔，我们就会知道，能够列举出的数字恐怕只是真实数字中一个并不算大的部分！让我们再列举一个例子来说明吧：

岭南的开发虽然从秦汉就已经开始，但是发展相当缓慢。一直到唐代，岭南在整体上仍然相当落后。比如，六祖慧能跑到江西向黄梅五祖求法时，五祖就说你是岭南人，又是野蛮未开化的獦獠，哪里可以成佛呢？张九龄在和唐玄宗说话时，也说自己本是"荒陬孤生"，也就是生在偏僻落后的岭外，托了皇上的福气才能做到宰相。唐代流放贬谪官员，岭南就是一个最主要的流放地。一直到北宋中叶，朝廷还将官员流放到岭南。但是，和隋唐比起来，岭南在北宋的情况实际

上已经大为改善了。比如，虽然经历了五代十国近百年的军阀混战，但是广州的户口数却较之唐代有了很大的增长。前面说过，唐玄宗天宝初年，广州的户口只有 4 万多，天宝以后，唐帝国的人口总数一直处于递减状态，但是岭南却基本上处于逆势增长的状态。北宋太平兴国元年（976 年），广州（辖 8 县）的主户户数是 16 059 户（客户数字不详），到了宋神宗元丰时期，广州（辖 7 县）的主户数为 64 796，客户数为 78 465，合计 143 661 户。100 年间，仅仅主户数就增加了 48 737 户，增长了 300% 以上！户口数的增加，当然一部分是由于原住户的增长，但是如此巨大的增长，却不是自然的人口繁衍所能解释的，其迅速增长的主要原因只能是北方移民的大量迁入。北宋尚且如此，宋室南渡以后，尤其是南宋末年，随着元人的步步南下，理应有更多的汉人越过大庾岭迁入岭南，这其中的相当多的人又会进一步迁到珠江三角洲。这种情况，我们已经在简述各姓氏南迁的基本情况时看到了。

（三）人民力量

为什么会有如此之多的汉人要迁到珠江三角洲？一方面当然是因为在一些历史时期，北方少数民族的势力上升，极大地压缩了汉人的生存空间，他们不得不举族南下以免被少数民族奴役甚至屠杀；另一方面，也是因为在南雄一带已经普遍开发的情况下，珠江三角洲还尚未得到大规模的开发，大片的待开垦土地可以容纳更多的人口。罗贵在给上级政府的申请书中，说"近处无地堪迁"，而南方是"烟瘴地面，田多人少，堪辟住址"。这正是当时情况的写照。

在将珠江三角洲从"烟瘴地面，田多人少"的状态改造为全国首屈一指的庶富之地的过程之中，珠玑移民及其后裔发挥了决定性的作用。

珠江三角洲是珠江入海口的冲积平原。和中国其他沿海的冲积平原不同，珠江三角洲属于海湾内的复合型三角洲。简单地说，其他几大冲积平原都是一望无际的平原，而珠江三角洲则被东、北、西三面低矮的丘陵和低山环抱，就是临海的南面也有不少的山丘和小岛零星分布。为什么珠江三角洲会形成这样的地貌呢？据地理学家和地质学家的研究，在很久以前，这里本是一个巨大的海湾。"三角洲南部番

禺、顺德、中山、新会、斗门以及东莞、深圳等县市内，都有海浪冲击作用的遗迹。"这个海湾的边缘在哪里呢？"这些遗迹的最北位置，由西向东较明显地集中在新会市的沙富至泷水和江门市一带，以及顺德市（已改为佛山顺德区）的桂州、大良，番禺市（已改为广州番禺区）的沙湾、石楼，广州河南的七星岗和长洲，黄埔区的横沙与庙头等地。不少人根据考察物证认为，上述这些界线附近，大约应是古海湾的尽头，这是一条非常曲折的古海岸线，有些地方可沿河谷向内深入很远。"（曾祥委、曾汉祥：《南雄珠玑移民的历史与文化》）

看看地图就知道，这一线正是珠江三角洲最靠近大海的地方，直到今天还是河网密布，有许多条河流直接注入大海。正是因为在广州附近，注入大海的河流不只是珠江一条，而同时还有许多小河，所以这里的冲积平原就和东、北、西三面不同，不是相对较完整的一块，

海边沼泽

而是被不同的河流切割成许多块。同时，也因为这里本是海湾，海内原有无数的小岛，在海水退去以后，就留下成为星罗棋布的低山和丘陵。古海岸线以北的平原是由珠江的三大支流东江、北江和西江冲击而成，其成为陆地的时间远在新石器时代以前，开发比较早，珠江三角洲的当地人管这些地域的农田叫围田地区；古海岸线以南的平原是在海水后退以后，经包括珠江在内的许多条河流的泥沙逐渐淤积，以及人工围垦才逐渐形成的，开发时间比较迟，当地人管这些地域的农田叫沙田平原。

在珠玑移民陆续迁来的时候，早先形成的平原很多已经被当地的

原住民占据了。他们只能去到那些临近海湾的地方，将那些荒滩、沼泽加以整理，变为养活自己的良田。在这个伟大的创业过程中，他们发明了许多新的农垦技术，谱写了中国农业发展史上光辉的一页。

移民们碰到的第一个问题，是要有可以耕种的田地。罗贵到了冈州葫底入籍之后不久，在居家立业方面就有了不小的收获：首先是有了"新收山塘田地共二十一亩二分二厘一毫"，纳粮合计"六斗四升三合二勺四抄"；其次还有未成丁的仆男三人和仆妇二人、仆女一口，也就是说有了五个成年仆人外带一个未成年的仆人女儿；最后还有草屋三间、草牛二头。这个情况，在当时也算是小康之家了。

那么移民们的山塘田地从何而来呢？南汉以前，珠江三角洲一带早先形成的宜居宜耕之地，已经被原住民占据了，只有"东南海边的岛丘和新生沙坦多未垦殖，西北部的河网低洼地也未得到利用"（何维鼎：《宋代人口南迁与珠江三角洲的农业开发》）。到了宋代，随着海岸线逐渐后退，又有大片的新滩涂、沙滩露了出来。这些新形成的陆地和旧日未曾被人占据的地方，就是珠玑移民的主要落脚点。这一点，从前面所列举的各姓氏迁居的地点名称，很多含有蚬、冲、湾、坑、洲、葫、水、边、冈、塘等字，就可以推知。因此，为了生存发展，珠玑移民要做的第一件事，就是开荒辟地，将不适宜耕种的沙滩沼泽改造为可耕地。东莞南街翟氏在靖康之乱的时候迁到南雄珠玑巷，不久又在翟徽的带领下迁到了东莞。刚到东莞，翟徽就对子侄们说：人想要发家致富，一定要因地制宜，想个好办法才行。住在山东的人会广泛种桑树，住在四川的人会到处种橘子树，住在山西的人会尽量种枣树。临水而居，就要想办法开辟鱼塘。有了田地物产，就有了生活富足的保证，也和有爵禄的人差不多了。你们可千万不要贪图安逸，最后碌碌无为呀！翟老头打定了主意，就日夜督促家人开池养鱼，围田种橘，并大力整修田地，凡是可以种、可以养的地方，一处都不放过。不到几年，家里就富了起来。又比如茶山背山临水，在明时已是东莞的一个富庶的大镇，但是据明末清初的张穆在《故园茶山记》中所述，当初茶山却不是这样。宋以前，茶山因为地势低，周围百里如同沼泽，处处都是积水，远望如同汪洋，只有中间的几个小山岭鹊岩、罗山、台山、凤山等，被早先生活在这里的疍民所占据。宋以后，北方移民陆续迁到了这里，"是时茶山，犹荒落也"，但是，在

移民们的不懈努力下，到了明代的中后叶，这里已经是"科第鼎盛，里皆殷富"的繁华之地了。

把沼泽沙滩改造为良田，关键是要挡水、排水。唐宋以后，由于气候变化，珠江三角洲地区已经不像早前那样过度炎热濡湿，而是变得更为温和湿润，加之日照充分，降雨丰沛，整体来说已经越来越宜于农业生产的发展。但是，宋代以前当地的农业生产并没有很大的发展。造成这种状况的主要原因之一，就是因为海潮涨落的不断侵蚀，这些新生的田地如果不经过改造、保护，是不能种庄稼的。改造，就是尽量把多沙、多盐分的土壤变为肥沃的熟土；保护，就是要使农田免受河水泛滥、海水涨潮的冲击。怎么样才能做到这一点呢？移民们的办法是修筑堤或围。

堤和围的修建起到了两个作用：一是可以使更多的沙滩地变为良田。因为在堤围的作用下，外面的水不能随意进来，里面的水也会慢慢干掉。等到堤围里的土地干到可以种庄稼了，再通过施农家肥、翻地深耕等方式，三五年之后，就可以逐渐改变土壤的成分。直至今天，以这种方式从水里围垦田地还是人们常用的办法。二是保护已有的耕地免受河水泛滥和海水涨潮的冲击。珠江三角洲河流纵横，尤其是珠江的三大支流东江、北江和西江经常泛滥成灾，而海水也常常因为涨潮浸埋土地，因此必须建筑堤围加以保护。一般来说，珠江三角洲的上部地区，因为河流相对较少，所以以修堤为主；珠江三角洲下部的近海一带，因为河汊和洼地多，所以以筑围为主。随着珠江三角洲的不断扩大，越来越多的沙滩被人们改造成为耕地，以至于原来在海滩上圈筑起来的小围，又发展成为沿河的大堤围。同时，在大的江河两岸修筑的堤防，也不断地延伸到干流的各条小支流中。这样，大的干堤与小的支堤相连，又使堤防闭合成围。珠江三角洲的堤围遍布各处，大的围可以保护几万甚至几十万亩耕地，小的可以保护几亩几十亩的耕地。这些大大小小的堤围，直到今天还是珠江三角洲经济发展的保护神。

堤围有两种：一种是闭口围，就是四周封闭的围；一种是开口围，就是三面封闭一面开口的围。闭口围在其他地方也比较多见，但开口围的建造，则是移民们一件非常大的创造性贡献。珠玑移民修筑的许多开口围，堤坝的高度并不是固定不变，就像我们今天看到的许多大

堤那样，而是随着河流的流向逐渐减低，也就是说越到下游堤坝的高度就越低，终至消失。为什么会这样呢？因为堤坝的主要作用是为了保护河流两边的耕地，而洪峰在到达下游河口接近入海口的时候需要有宽阔的路径注入大海，不但不能拦，还要给河水、海水让路。所以开口围的建造，其实也体现了中国人顺天而行的思想。只有顺天而行，才能得到天的眷顾和保佑。

佛山桑园围

珠江三角洲很多有名的堤围都是开口围，比如佛山桑园围。桑园围又名樵桑联围，位于今天佛山市南海区和顺德区内，是西江下游最著名的堤围之一。堤围分为东围和西围两条，分别抵御北江和西江的洪水。据说桑园围的建造开始于宋徽宗年间。当时所建造的堤围主要是泥土围，人们根据自然地理的状况，以江水两边的丘陵、土墩作为依傍，因势利导，建成了长达数十里的长堤。

同治年间的《南海县志》在介绍桑园围时说："该堤围依靠附近的丘陵，东西堤皆从上游水势建瓴之地，依山筑堤，从高而下，顺水道至下流。"就是说东西两条大堤都是沿着水边的丘陵等高地修筑，一路顺着水道修至入海处。因为有了堤围的保护，围内成为著名的桑蚕之地，桑园围的名称就起源于此。

桑园围建成之后，历代政府都非常注意保护和维修。比如，明洪武末年，在政府的组织下，对桑园围进行了大规模的重修，将原先的泥土堤改造成为泥石并用，从甘竹滩到横岗，长达数十里。清雍正五年（1727年），又将最危险的海州堡三丫基改用石砌。此后不断改土为石，经过将近100年的努力，到了嘉庆二十五年（1820年），有1 900多丈的围基改为用石条砌筑，7 000多丈的土堤也在临水的一面加石扩坡。除了逐渐改土为石之外，人们在堤围上还建了控制水流的

广府文化丛书

石窦（涵洞）。如果天旱缺水，就经由上游的石窦将江水引入围内进行灌溉；反之，如果降雨过多，就经由下游的石窦将水排出大围。乾隆时，整个桑园围建有 16 座石窦。

为了更好地管理和利用桑园围，乾隆五十九年（1794 年）还编辑了《桑园围志》，同治年间明之纲又作了《桑园围总志》。从桑园围修筑一直到清末，该围都是开口围。民国十四年（1925 年），由于修建了西基狮颔口闸、东基龙江新闸和歌滘水闸，桑园围才从开口围变成了闭口围。现在，桑园围全长 68.85 公里，围内面积达 133.75 平方公里，捍卫良田 2 000 顷。顺德境内的桑园围长 24.7 公里，面积有 1 048 515 平方米。

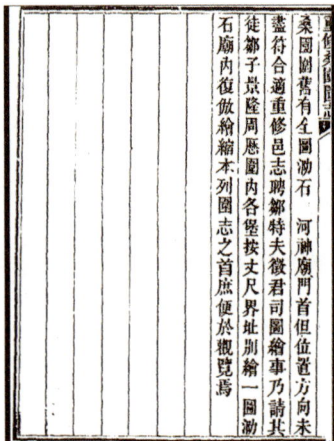

《桑园围总志》局部

再比如位于肇庆高要县的景福围。西江进入肇庆高要境内以后，接纳了新兴河、大迳河、宋隆河等多条支流，形成了十分庞大的水系网络。高要地势低平，本来就不易束水，而西江下游的羚羊峡恰恰又位于高要，西江水因为峡谷的约束，更加不易流出。因此一旦水势上涨，极易发生水患。在这种情况下，修建堤围约束江水就成为当地人民安定生活的基础。关于堤围的重要性，民国时期的高要人吴远基说得最清楚。他说：高要县跨西江两岸，没有堤围就没有田地，而堤围不高不厚，也不足以抵御洪水而护田。为了生存和发展，早在北宋初期，迁居到此生活的人们就开始修筑堤围，这里也因此成为珠江三角洲最早筑堤的地区之一。景福围的形成，经历了很长的时期，应该说是将不同时期修筑的堤围一段段连接起来而最后形成的，其时间跨度接近 1 000 年。景福围的第一段筑于宋太宗至道二年（996 年），名叫皇城围（即今皇岗堤段）；到了明洪武年间，肇庆知府王全主持修建了水基堤；洪武十六年（1383 年），以当地乡绅李儒杰为首，又联合乡民建了莲塘堤；明宣德年间，肇庆知府王留将水基围增筑延长；明成化年间，通判宁伯元又主持修筑了莲塘、下蒙基、谢家基等地堤围；崇祯二年（1629 年），高要知县张明熙增筑附郭堤，这也是最初所修的一段；到了清康熙四十年（1701 年），附郭堤的飞鹅潭一段因为洪

水而决口，人民损失甚大，高要知县景日昣在洪水退后，组织人力重修大堤，又外砌石条加固。修复完成以后，景日昣给新围起了个好名字"景福"。"景福"两个字，本来是唐代李邕题写于肇庆七星岩石室洞口的两个字，现在景知县移了这两个字来命名大堤，是希望此围可以世世代代福佑当地人民。从此以后，整个大围都更名为景福围。宋代的时候，景

1953年建造的景福围羚山水闸

福围还不够长；明代几经增修，堤围的总长度达到了187.9公里；清代再加修，堤围总长增加到221.6公里；民国又延长至282.8公里。在元代以前，景福围的堤围都在羚羊峡以下，从明代开始延伸至羚羊峡与三榕峡之间，到清代又扩展至三榕峡以上。这样，建成后的景福围西起三榕峡，沿着大鼎峡绕肇庆城东而直抵羚羊峡，北面与横跨旱峡的水矶堤相接，成为保护肇庆城最重要的堤防。民国时林世恩编的《高要景福围志》卷1《形势志》仔细描述过景福围的作用。其大意是：肇庆城正当西江水流的咽喉之处，西江水汇合了云南、贵州、湖南、广西四省之水，浩浩荡荡，一路东下肇庆。肇庆的大湾、南岸、白珠、大榄、思霖等堤围在南边控制西江的水流，而独独只有景福围控制其北边的水流。景福围是旱峡以东各围的保障，对这些堤围的安危起着至关重要的作用。就是景福围本身，下面有群众的田地、家园、墓地，上面有肇庆的城郭、祠庙、衙署、仓库，都仰赖景福围来保卫。景福围绵亘五十余里，东西南三面均面临大江，处处与波涛猛浪为敌。每年夏秋之间，一遇到连绵不断的霪雨，西江上游大水暴涨，滚滚洪流一路直奔羚羊峡，峡口窄小，水流难以通过，就折回头倒往上流，冲击肇庆。水势越大，堤围越显得孤立，其形势之险要可以想见。

那么，移民及其后裔们在珠江三角洲总共修了多少堤围呢？根据文献记载，仅仅在宋代的300年间，珠江三角洲地区的人民，在西江、

北江、东江三条珠江干流上建起的堤围，大小就有二三十条。除了上举的桑园围和景福围外，规模比较大、比较出名的堤围还有：羚羊峡下的常利围、赤顶围、香鹅围、金西围、竹洞围、腰鼓围、下太和围，东江下游的东江堤、牛过朗堤、苏礼庵围，北江下游的村头围、榨寨西围、罗格围、存院围等。据统计，宋代建成的堤围共有 28 条，堤围总长 66 024 丈，护田面积 24 322 顷。这些堤围，基本集中在西江和北江的下游以及东莞石龙以上。（何维鼎：《宋代人口南迁与珠江三角洲的农业开发》）从明代开始到清中叶的三四百年间，是珠江三角洲进入全面开发的时期。这一时期的堤围建设及海坦围垦取得了重大成就：整个明代一共筑堤 180 多条，总堤长达 22 万余丈。（佛山地区革委会《珠江三角洲农业志》编写组编：《珠江三角洲农业志》第 2 卷《珠江三角洲堤围和围垦发展史》）清代以后，除对前代堤围不断进行加高增厚、维修巩固之外，还新筑了许多堤围。这些新堤围从西江、北江三角洲顶部持续向中部和南部的河网地区拓展，并逐渐向各江河口延伸。清中叶以后，珠江三角洲的堤防系统已基本形成。

珠玑移民及其后裔是修筑堤围的主要力量。有些堤围，是他们在官府的组织下修筑的；有一些则是他们自发组织起来修筑的。比如宋哲宗元祐二年（1087 年），在东莞知县李岩的主持下，修筑了一条从京山开始，中经牛渡海、西湖、福隆、水南、石贝、司马头等处的长堤，护田 9 800 余顷。宋理宗时，在知县赵善周的主持下，不但重新整修了旧的堤围 15 990 丈，而且新筑堤围 185 丈，工程到理宗淳祐元年（1241 年）才竣工。几十年之后，宋度宗咸淳年间，一部分堤围坏了，海水不断侵入，福隆、石牌等接近大海的地方，年年遭受海水浸灌，"民苦鱼鳖特甚"。于是石冈王氏的第二代王仕英，召集乡人计议，大家共同出资出力，大筑堤坊，绵延 30 余里，同时还建了桥梁以通洪水，这条长堤成为保护当地人民的"长城"。因为王仕英字世表，当地人为了纪念他，就把堤上的桥命名为世表桥。元末的时候，王仕英的曾孙王梦元，又捐款号召乡民起来，整修了年久失修的福隆堤。罗格围的修筑也和广大乡民的群策群力密切相关。据清宣统二年（1910 年）修的《岭南冼氏族谱》所说，其所以修筑罗格围，是因为当时大家都沿水而居，几同泽国。当时住在这里的人家多是冼氏和区氏，于是冼氏的阎公堂一族就和居住在同一里内的区族联合起来，合

力建筑了堤围，使得围内的数百顷沙滩变成了肥沃的农田。

因为大量堤围的修筑，农田的面积大大增加了，农田遭受水害的次数也大大减少了，这两个因素的结果，使珠江三角洲地区的稻米产量迅速提高，甚至和长江中下游地区一样，成为重要的粮食基地。前面已经说过，在唐代的时候，广东的粮食都还不能完全自给，驻守广东的军队缺粮，有时还要借道大庾岭到江西购买。但是到了宋代，情况发生了很大的变化。广州开始建造了很多粮仓来收储粮食，这是在粮食可以满足日常消费需要的情况下才能实施的。宋真宗时建了用以平抑市场米价的"常平仓"，宋仁宗时又建了用以救济贫弱者的"广惠仓"，宋宁宗时又建了用以抚恤士大夫子弟的"惠济仓"。其中仅常平仓一项，按照规定的标准，积谷就可以达到十余万石，也就是1 200多万斤。不仅有了余粮可以收储，还有粮食可以输出。宋高宗、孝宗、宁宗三朝，都有诏令购买"广米"运入首都。临近广东的地方遇到年景不好，也常常依赖"广米"赈济。因为广米价格较低，所以常有商人长途贩运广米到其他各地，甚至远达占城（今越南北部）。粮食是重要的战略物资，尤其是在粮食相对短缺的古代，向外国售粮是严重的事件，所以后来元世祖专门下达了"禁广州官民，毋得运米至占城诸蕃出粜"的诏令。

因为农业生产取得了长足的发展，人民可以安居乐业，使得商品经济也发展了起来。首先是甘蔗、槟榔、荔枝、柑橘、香蕉、花木、木棉等经济作物的种植开始逐渐普遍化。荔枝在唐代还是只有贵族才能享受的奢侈品，杜牧"一骑红尘妃子笑，无人知是荔枝来"的诗句，说明了唐皇室的奢靡，也说明了荔枝在当时的珍贵。到了宋代，荔枝的种植面积大大增加，已不像唐时那么珍贵了。曾巩《福州拟供荔枝状》曾说福建、广东的荔枝天下人都可以吃得到，剩下的还可以卖到外国。柑橘在宋以前也是贡品，宋代则成为商品，宋人庄季裕的《鸡肋编》中说"广南……民多

广东荔枝

种柑橘以图利",就是说广东的农民广泛种植柑橘来赚钱。至于花木,因为广东气候温润炎热,适宜栽培花木,所以很快就形成了许多花市。宋代广州每年都有奇花异木运送到京城,或为贡品,或为商品。《岭外代答》说,在花市上卖的素馨花,每枝只有两文钱,人人竞相购买。两文钱在宋代是一个并不算高的价格。时至今日,广州各市镇每年春节前都要举办大型的花市,届时人潮如涌,鲜花如海,一片繁华景象。中国人在明代开始广泛种植棉花,在此以前,纺织用的棉主要来自于木棉。木棉是高大的热带植物,最早种植于海南岛。到了宋代,逐渐从海南岛传到了广东,在珠三角一带开始种植。宋人方勺《泊宅编》说,福建、广东多种植木棉,而且质量不错,现在所买到的木棉,其棉丝特别细、特别有韧性。值得一提的还有小麦。小麦

岁晚逛花市

美丽的木棉花

本是北方黄河中下游地区才广泛种植的作物。唐代岭南也有小麦种植的尝试,但是有种无收。宋代,尤其是南宋以后,由于大量北人南迁,对小麦的需求开始大为增加,每斛的小麦曾卖到了12 000钱。有了这么好的价格,而移民们又多来自北方,有小麦种植的经验,于是家家竞相种植,以至于一眼望去,好像是到了淮河以北的中原地区,而麦

农卖麦子所获得的利润，也数倍于卖稻米的利润。

除了农作物的商品化，手工业也得到了很大的发展，其中比较出名的有纺织和五金。由于珠三角地区水泽洼地很多，移民们因势利导，将洼地深挖变成鱼塘，同时又将挖出来的淤泥堆高为塘基，并在塘基上种植桑树、果树、甘蔗等经济作物，这样就创造性地发展了桑基鱼塘、果基鱼塘等人工培养的生态循环系统，成为农业生产史上的一大创举。以最著名的桑基鱼塘为例：它从种桑开始，依次形成了塘基种桑、桑叶养蚕、蚕缫丝、缫丝的废弃物（蚕沙、蚕蛹、缫丝废水等）养鱼、鱼粪等塘地泥肥桑几个环节，从而构成了一个封闭的生态循环系统。在这个系统中，一个环节的优劣也决定了其他环节的优劣，所以当地谚语说："桑茂、蚕壮、鱼肥大，塘肥、基好、蚕茧多。"

珠三角桑基鱼塘

桑基鱼塘的发展，带来了缫丝业的繁荣，使广东在宋代以后逐渐成为我国重要的丝织业基地。其实，珠江三角洲在唐代已有养蚕缫丝的活动，唐代就有了外国商人来广州买卖绢丝，但这时的桑树基本都种植在高地，与鱼塘没有关系。同时，本地关于池塘养鱼业的最早记载出现在公元9世纪的唐代，但是一直到明初，也没有和种桑建立起关系。明世宗嘉靖元年（1522年），明政府封闭了福建泉州和浙江宁波两港，只剩下了广州一港成为外贸的主要基地。由于当时中国输出的商品多以丝织品和瓷器为主，所以很可能是这一举动，极大地刺激了广东养蚕业的发展。

养蚕需要种桑，珠三角高地不多，许多还要种粮食，桑树种在哪里呢？因为蚕沙是塘鱼很好的食料，聪明的农民们想到了将种桑与养鱼结合的办法，于是首先在南海、顺德等地，桑基鱼塘的作业方式开始兴起，并很快传到了珠三角各地。珠三角的珠玑移民及其后裔们本来就有在北方习得的丝织技术，在养蚕业发展的推动下，珠三角迅速

崛起成为全国最大的丝织业基地之一。

乾隆二十四年（1759 年），因为清政府封闭了漳州、定海等外贸港口而只保留了广州一地，粤丝对外销售进一步增加，大大带动了丝织业的兴旺，以至于出现了许多地方的农民"弃田筑塘，废稻种桑"的情况。鸦片战争以后，缫丝新式技术开始引入。同治五年（1866 年），南海人陈启沅在南海建立了珠三角第一个机械化的缫丝厂，此风迅速吹向其他地区，不久之后，顺德就建立了一家叫怡和昌的机器缫丝厂，雇佣的女工多达

五六百名。1918 年，珠三角已经有了新式缫丝厂 147 个，每年生产出大量生丝。生产取决于销售的需要，当时珠三角买卖生丝极为兴隆。据统计，仅 1905—1906 年广东生丝输出的价值就达到 4 000 多万元，而顺德一地就占到了 3/4。人们都说："一船生丝出，一船白银归。"在纺织业和生丝贸易的推动下，桑基鱼塘的面积连年增加。20 世纪初，由于桑蚕价格高，一亩桑田可以换回 20 担米，养活三四口人，所以植桑之风甚盛，珠三角桑基鱼塘的面积最高时估计约有 120 万亩。

五金业在珠三角的兴起时间基本与珠玑移民在宋代的大规模南迁相同。宋代末年，佛山就有了冶炼铸造业。到了清代中叶，佛山的铸铁炉有 100 多个，从业人员 10 万之众。当时的五金业基本以家庭作坊式为主，人们常常在自家的屋后面制造，然后拿到屋前面去卖。这种前店后坊、生产与销售合一的模式，遍布于珠三角，其传统甚至持续到现在的香港和珠三角很多地方。

（四）文以化之

除了农业和工商业，值得一提的还有珠玑移民后裔对珠三角文化发展的贡献。唐代以前，岭南还被中原士大夫视为化外之地，与蛮夷同列。唐代时，粤北地区的文化教育率先发展起来，盛唐的张九龄家族就是其最杰出的代表。但是，唐代粤北教育的发展更多来自家族传统，普及面非常狭窄。正是因为这个原因，所以韩愈、刘禹锡等贬谪官员在贬谪地开办学校的做法才被传颂千古。

北宋以后，随着粤北的开发和北方移民的大规模南迁，作为教育发展重要标志的学校开始普遍建立。到北宋中叶以前，不但韶州府学和所属各县的县学基本建立，还出现了私人主持的书院。粤北地区文化教育的发展使以后迁居珠三角的珠玑移民中相当一部分具有较高的文化素养。许多珠玑移民后裔的族谱上，都记载着始迁祖曾经中过进士或者其他功名，很多还曾担任朝廷的官职。以罗贵为例，他就是一个乡贡生，属于有文化的乡绅阶层。这些人迁到珠三角以后，除了发展生产以图生存之外，也非常重视对子弟的文化教育。

然而，珠三角的教育状况实在不能让人满意。据丘浚《修南海县学纪略》所说，宋高宗绍兴元年（1131 年）以前，广州地区仅有一所府学、一所县学，以及 40 来间教小孩子念书的简陋学舍。广州府学是由一所简陋的孔庙改造而成，连基本的要求都没有达标。宋哲宗元祐元年（1086 年），蒋之奇到番禺任县令，见到番禺县学年久失修，房间狭小潮湿，设施十分简陋，学生上完课以后，就随便躺在废毁的危房里休息，让人提心吊胆。（《南海志》）官学一塌糊涂，私人书院更是空白。随着移民日渐增多，这种到处看不到学校的情况发生了变化：先是南宋淳熙十六年（1189 年），东莞移民翟徽的大儿子翟杰创办

广州府学图碑

了广州地区第一间书院——桂花书院；接着广州又陆续在嘉定年间建了禺山书院，在淳熙年间建了番山书院，在咸淳年间建了义斋、九峰、鼎斋等书院。在这一时期，广州府学迁移重建，广州所属南海、番禺、香山等各县的县学也陆续建立。

建设官学本来是各级政府的责任，但是在南宋中叶以前，广东官员们却根本没有花心思建立官学；南宋中叶以后，在许多有影响的移民群体推动下，官府才开始把举办学校提上议事日程。宋淳熙十五年（1188 年），东莞知县王中行撰《迁学纪略》，说在县城左边三里左右的地方，有几间被林木营草所掩盖的旧屋就是学校所在。学校荒废日

久，多年都听不到读书的声音。王中行到任不久，当地的乡绅就联合起来，纷纷要求知县大人视察学校，结果一看实在太不像话，于是决定重建学校。从东桥向南，离县城百来步远的地方，有一片土地，是个不错的地方，大家就想在那里办学。这片地属于黎氏所有，王中行前去求地，一说办学黎氏就爽快地答应了。（《广东通志》）这个热心捐地的黎氏名叫黎晦，是宋淳熙年间由南雄迁入东莞的。据说，当王知县向黎晦求地时，黎晦说：我的确有一片地在东城外，看风水的先生说那块地将来世世都会有人科举高中。与其我一家独占了这么好的风水，不如让全县的人都来分享它。

学校教育的提升使广州的科举中试人数大大增加。据《广东通志》载，南宋84年间，广州各属县进士，不计特奏名者在内，共有118名，其中南海县48名、番禺县34名、增城县12名、东莞县10名、顺德县9名。这些进士中的大部分，都是珠玑移民的后裔，比如翟杰就曾经中过绍兴五年的进士。

元代，广州又新建四所书院，即顺德桂州翠岩书院、东莞聚秀书院、新会古冈书院、番禺罗冈玉岩书院。明代科举制度进一步完备，官学一律改为儒学。洪武二年（1369年），明太祖诏令全国府、州、县各设儒学，对教师配备和学生资格待遇等都作了详细的规定，各地积极贯彻。在广州一带，除了广东布政使司设立的省级儒学外，顺德县、从化县、新宁县、三水县等都建立了儒学。一些以驻军为主的卫所也设立了儒学。

洪武八年（1375年），考虑到儒学只是设置在省、府、州、县的治所所在地，也就是城里有官办学校而乡村无官办学校，朱元璋又下诏各地设立面向乡村子弟的社学。嘉靖元年（1522年），广东提学副使魏校将许多村里的寺庙、道观改建为社学，里面有大堂，有书社，有门屏，明朗宽敞。虽然是姗姗来迟，但孩子们终于有了个读书的地方。从嘉靖六年（1527年）到嘉靖四十年（1561年），广州共建起了社学234所，其中广州府8所、南海县105所、番禺县48所、顺德县42所、增城县2所、东莞县1所、香山县3所、新会县15所、新宁县1所、清远县8所、从化县1所。也是在嘉靖年间，广东新建书院78所，而广州一地就有25所。（曾祥委、曾汉祥：《南雄珠玑移民的历史与文化》）

由于经济、教育等的发展以及广州作为重要有时甚至是唯一的外贸港口所带来的影响，从明代以后，珠三角地区涌现了许多杰出的人物。比如明代学者新会陈白沙、增城湛若水等。清鸦片战争前，广东著名学者有屈大均、朱次琦等；鸦片战争后，随着广州开埠，珠三角人物更盛，其中最杰出的有南海康有为、新会梁启超、香山孙中山。他们的活动，对中国100多年以来的历史走向产生了关键性影响。

梁启超《饮冰室合集》

李载枰《陈白沙像》

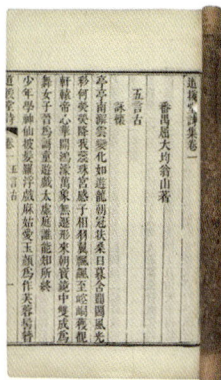

屈大均《道援堂诗集》

康有为书法

中山先生遗像

八、走向四海

珠玑南迁

从秦汉直至鸦片战争以前，不断有中国人移居海外。《明史·外国卷》就记载了华人到菲律宾经商定居的情况："先是闽人以其地近，且饶富商，贩者至数万人，往往久居不返，至长子孙。"随郑和下西洋的马欢、费信和巩珍，分别写成《瀛涯胜览》、《星槎胜鉴》和《西洋番国志》，描述了爪哇岛北部、苏门答腊南部、加里曼丹西部等沿海地区中国移民村落的生活情况。不过，由于唐宋以后的中国政府持续执行锁国政策，因此直到清中叶以前，都没出现大规模的华人外出现象。

（一）凄惨华工

鸦片战争以后，中国的国门被迫打开，广州成为中国少数几个最早开埠的地区之一，广东珠三角一带同外界的联系敞开了。聚居在珠三角的广府人本来就有经商的传统，广州开埠为商人们提供了千载难求的出国机会，许多商人都充分利用了这个机会。清同治五年（1866年），张德彝奉命到外国游历观察风俗，回国后写成的《航海述奇》一书，记录了他在越南、新加坡等东南亚地区所见到的华商情况。文中提到一些华人所开的商栈酒楼，如"宏泰昌"、"胜芳楼"、"醉香楼"等。又说自己在安南（越南）时，夜晚乘小船回寓所，听得两岸的华商，划拳饮酒，

郭嵩焘像

打鼓吹笛，旁边还有当地土人高歌伴唱，其作乐景况如同国内。清末，郭嵩焘出使欧洲，在《使西纪程》中也有关于东南亚华侨的记述。郭说在槟榔屿，居民有 14 万，而闽粤华人就占了 10 万多。此外，志刚的《初使泰西记》中提到加利福尼亚的华侨有 8 万到 10 万，"其中在旧金山居住的大约为一万五千到两万人，他们有些人在这儿已建立了重要的商号，名声极好。人们赞扬他们的诚实、智慧和学习欧美经商方法的敏捷。"（李安山：《中国华侨华人研究的历史与现状概述》）

　　除了经商以外，也是从这时起，珠三角一带出现了大规模的华人外出务工潮。这是历史上最重要的华人外迁史，也是华侨的主要来源。华工外出的原因很多，不过归结起来，可以说是"内困外骗"四个字。

　　先说"内困"。清朝末年，国家已经处于灭亡的边缘，对外清政府软弱无能，丧权辱国，不断割地赔款，对内还要镇压各地农民的大小暴动。这些赔款的费用、打仗的费用，再加上各级衙门的种种花销，都要摊派到底层人民的身上，生活在中国底层社会的人民陷入了破产的境地。祸不单行，在苛捐杂税满天飞的时候，珠三角一带又连续

被卖猪仔的华工

遭遇天灾。以台山为例，从咸丰元年（1851 年）到光绪末年（1908 年）的 50 来年中，就有大水害 10 次、大风灾 7 次、地震 5 次、旱灾 4 次、瘟疫 4 次、饥荒 5 次，大小灾害共计 35 次。繁重的赋税和频繁的灾害，使得大多数普通人家生活无着，只能号寒啼饥，一些人只好卖身南洋以求生存。

　　更让人无法忍受的，还有战乱和械斗。咸丰、同治年间，洪秀全领导的太平天国运动席卷整个南方，广州一带也是兵祸连连，起义军多次在此和清军激战。如果说大规模的战争持续时间还不长，那么为了

争夺利益的土客械斗就显得永无止期了。械斗期间，双方纠结人数有时达到数万人，一次械斗所伤亡的人数有时有好几百人甚至上千人。在械斗中被俘虏的人常被作为"猪仔"卖到港澳和海外地区。《赤溪县志》就说，那些为当地土人所掳走的客户，除了杀掉的之外，年轻男子往往被卖到秘鲁、古巴等地做劳役，名曰"卖猪仔"。这些被卖的人和自卖的人加在一起，有二三万人。其实，不仅土户贩卖客户，而且客户也一样会贩卖土户。

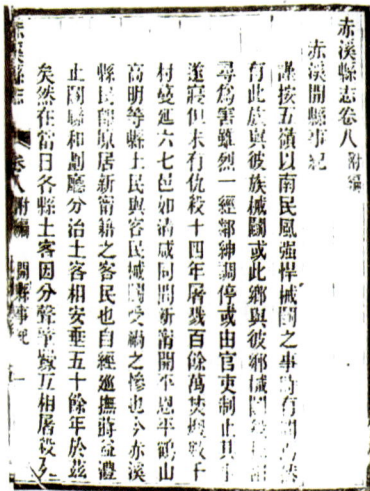

《赤溪县志》

再说"外骗"。鸦片战争以后，清廷和英国政府签订《南京条约》，割让香港，允许洋人在内地招收华工。葡萄牙所占据的澳门，成为殖民主义者贩卖劳工的大本营。澳门的所有葡萄牙人，几乎都以贩卖华工为业。他们建立了300多家所谓的招工馆，然后到处寻找代理人，或骗或抢或诱，总之弄到手为止。

19世纪中叶，因为开发西部的需要，美国急需大批劳工，于是他们就将目光盯上了贫弱的中国。美国人寻找华人作为经纪人，在广州、五邑一带到处散发传单，说什么美国是文明富裕的国家，没有大小官吏欺压人民，到美国做工，不仅工资丰厚，还有好房好衣；不但养了自己，还能寄钱回家；如此等等，鬼话一大堆。结果很多人上当受骗，去到美国做牛马不如的工作。据统计，1849年刚开始时，只有771人赴美，1850年有4 025人，1851年有12 000人，1890年超过了10万人。一些民族败类和洋人勾结，充当所谓的"猪仔头"，专门贩卖华工发财。比如台山沙栏村李乃都，1877年招了200多同乡去美国修铁路；1891年，旅美华侨、都斛村的衡老英在五邑等地招收了1 800多华工到墨西哥修路；1898年，白沙华侨马濯与英国公司勾结，招收上千人到墨西哥修铁路。因为此类问题太多，所以同治十二年（1873年）的时候，上海的《申报》专门发表了题为《戒拐贩人口出洋论》的社论，除了谴责"猪仔头"之外，还希望人们提高警惕，不要轻易上当受骗。可是，如果在国内能够有一口安稳的饭吃，又有谁愿意冒

着风险背井离乡呢？

华工在国外的遭遇之悲惨，甚至连黑奴都不如。许许多多的人在远赴重洋的路上，因为条件实在太恶劣已经死掉了。到了目的地，因为繁重的劳作、恶劣的生活、毫无保障的生命权利，又有无数的华工死在了异国他乡。1862年美国国会决定修建太平洋铁路。该铁路横贯美国中西部，由东、西两部分组成。东部长689英里，地势平坦，由爱尔兰人承担；西部长1 800英里，中间要经过险峻的内华达山脉、咆哮的美利坚河谷和40℃以上高温的内华达沙漠，施工条件极端恶劣，由华工承担。究竟有多少华工为这条铁路献出了生命呢？不知道。但是，据1870年6月30日的《萨克拉门托报道者》报道，仅一列火车上就载有1 200名死在施工中的华工尸骨。2005年，洛杉矶大都会交通局（MTI）在金线铁路的施工中，在专门埋葬穷人的墓园——长青公墓一次就发现了华工的遗骸108具！事实上，仅仅在长青墓园，从1877年到1924年，就有大约1 400名华工葬身于此。（《江门日报》，2010年3月15日）尽管为当地的建设做出了如此重大的贡献，可是1882年美国第47届国会竟然通过了《排华法案》，剥夺了华工在美的一切公民权利：华工

在美华工

们不能结婚，不能拥有财产，不能自由选择职业，不能进入许多公共场所，死后只能葬在穷人的墓园——白人葬在这样的墓园不用一分钱，可是华工却要10美元。从1882—1913年，美国国会先后通过了多达15个排华法令，如1888年的《斯葛特法案》、1892年的《赫里法案》、1904年的《一般空亏拨款法案》等。

有了政府的纵容和支持，在种族主义分子的煽动与组织下，从19世纪70年代后，美国发生了多起有组织的排华暴力事件：1871年10月，洛杉矶的白人暴徒杀害22名华工；1877年7月，在旧金山市市长

威廉·艾文的挑动下，暴徒们火烧洗劫华埠；1880 年 10 月，科罗拉多州的丹佛市约 3 000 名白人种族主义分子狂叫"杀死华人"的口号，打、砸、抢、烧、杀当地华人。仅 1882 年一年，在西部各州发生暴力排华事件较大一些的地方就多达 55 处。1885 年 9 月，怀俄明州石泉镇煤矿区，爆发了震惊中外的"石泉惨案"。100 多名荷枪实弹的"劳动骑士团"白人暴徒袭击手无寸铁的华人，79 间华人房屋被烧毁，28 名华人被打死或烧死，15 人受重伤，26 人逃进深山葬身狼腹，数以百计的华人被赶走。"石泉惨案"发生后，排华暴力事件就像瘟疫般在美国西部地区迅速蔓延开来，不仅在洛杉矶、旧金山、西雅图、爱荷达等地，甚至远离美国本土的阿拉斯加和夏威夷也发生了反华暴行。1900 年，夏威夷当局借口救疫，放火焚烧檀香山唐人街，华人死伤多人。1860 年，在美的华人有约 30 万人，由于生存条件恶劣以及接二连三的排华事件，1880 年华人下降到了 105 465 人；1882 年《排华法案》颁布后，在美华人继续减少，至 1900 年减到 88 863 人。（林明江：《美国华人的历史贡献与反美华工禁约文学的产生》）加拿大在修筑太平洋铁路的过程中，同样将最危险的工作安排给了华工。在筑路的 5 年间，有至少 4 000 名华工献出了生命。仅仅 1891 年，维多利亚中华会馆就从弗雷泽河谷收集到 300 具华工尸骨，运回中国安葬。加拿大大不列颠哥伦比亚区的作家威廉在他写的《不列颠哥伦比亚建设者》一书中说，华工全月的粮食供应只是一袋米（50 磅），仅 1884 年一年，就有两千名华工因为饥饿而死。

有太多的资料记载着华工们的悲惨遭遇，以上所举只不过是冰山一角罢了。华工的非人遭遇，让世界上所有有良知的人为之动容，让每一个有自尊心的中国人为之悲愤。然而，又能怎么样呢？在这仍然被丛林法则统治的世界上，一个积弱积贫、连自己的领土完整和主权都无法捍卫的国家——像 19 世纪末的清朝政府，即使想，又能有什么办法让她的子民受到别人的哪怕是一丝丝的尊重呢？曾经遭遇过的一切屈辱告诉我们，只有自己的国家强大了，这个国家的人民才能得到别人的尊重，才会有起码的尊严。"知耻近乎勇"，每一个中国人都不应该忘记自己的国家曾经被列强所凌辱，自己的同胞曾经被殖民主义者所奴役；每一个中国人都应该为祖国的繁荣富强而努力奋斗。

（二）扎根五洲

尽管遭受着非人的待遇，然而，这些走出国门的华人，像他们数百上千年前从北方迁到珠三角的先祖一样，凭借着中国人特有的韧性，在异国他乡艰苦拼搏，顽强地坚持了下来，一代又一代，逐渐落地生根，构成了今日数目十分庞大的华侨群体。

广东输出华侨的主要地区，集中在潮汕、梅州和珠三角地区，分别涵盖了广东的三大民系——客家民系、潮汕民系和广府民系。就广府民系而言，广州、五邑（包括台山、新会、恩平、开平、江门五地）、佛山（包括了三水、顺德、南海等地）又最为集中，其华侨总人数超过了500万。其中仅五邑一地，就有海外华侨、华人215多万；同时有港澳同胞149万多。五邑的华侨、华人分布在世界107个国家和地区，其中以美国、加拿大最多，有132万多人。下面是珠玑移民后裔在世界一些国家的分布概况：①

美国：广府籍华侨占总华侨人数的约70%，仅台山籍华侨就有42万余人。广州方言是唐人街的主要通行语言。同加拿大一样，也建有许多同乡组织和宗亲组织，如开平同乡会、恩平同乡会、中山同乡会等，比较出名的有旧金山中华总会馆，其中属于珠三角广府籍人士的有台山宁阳总会馆、肇庆总会馆、和合总会馆、三邑总会馆等。

加拿大：绝大多数是广府籍华侨。按地缘关系建立的同乡组织有台山宁阳会馆、冈州（新会）会馆、恩平会馆、人和会馆、中山福善堂、禺山公所、六邑同乡会等。按姓氏建立的宗亲组织有：李氏公所、黄江夏总堂、马氏公所、谭覃许谢昭伦公所、刘关张赵龙冈亲义公所、吴蔡周翁曹至德三德总堂、陈胡袁笃亲总公所、叶邓袁南阳宗堂、雷方邝溯源总堂等。几乎每一个人数较多的姓氏都有自己的宗亲组织，同出一源的几个姓氏大多会建立自己的联合宗亲组织。

秘鲁：华侨祖籍多为中山人，其次为番禺、鹤山、台山、恩平、新会等地人。目前人数为5万多人。

---

① 有关各国华侨的材料取自曾祥委、曾汉祥的《南雄珠玑移民的历史与文化》（第55～66页）。需要指出的是，要弄清楚准确的华侨总数已经非常困难，更不要说各国不同籍贯的华侨人数。这不仅仅是因为统计上许多无法克服的困难，而且由于这个数字总是处于变动之中，因此，不同机构的数字来源有时会有比较大的差别。但是从整体上看，广府籍华侨确实在华侨总人数中占有相当大的比例，这同珠三角在19世纪后半叶作为华工的主要输出地之一有很大关系。

巴西：多来自广东恩平、开平、台山一带。1984 年统计总数 7 万多人。

澳大利亚：广府籍华侨至少有 10 多万人，大多是 19 世纪末来澳的契约华工的后裔，以中山、东莞、南海、番禺等地人为多。

新西兰：约 3 万人，多为百年前从珠三角迁来淘金的广府人后裔。

日本：始于 1871 年《中日友好条约》的签订。1880 年在横滨已有华侨 2 172 人，占全部在日华侨的 60%，其中尤以广东侨胞为多。1898 年，广东侨胞曾成立同乡团体"宗仁会"，其下按县籍不同分为三邑公所（南海、番禺、顺德）、四邑公所（开平、恩平、新会、台山）、要明公所（高要、高明）。从公所可以看出，入会的主要是广府人。除了"宗仁会"外，已知广府人建立的会馆还有东京广东同乡会、横滨广东会馆等。

泰国：广府籍华侨约 50 万人。

新加坡：广府籍华侨占华侨总数的 18.8%。1821 年建立同乡组织"香山公司"，后更名为"香邑馆"，现名"中山会馆"，有会员千余人。此外，当地较早的广府籍宗亲组织还有曹家馆（广东台山）、四邑陈氏会馆、台山黄家馆等。

除了上述地方以外，广府籍华人在世界上的许多其他国家和地区都有分布，可以说遍及世界各地。中国国务院侨办侨务干部学校 2005 年出版的《华侨华人概述》编写组，对世界各国和地区华侨华人数量分别研究统计，认为 2000 年海外华侨华人总人口约 4 000 万。中国新闻社课题组发表的《二〇〇八年世界华商发展报告》称，在世界各地有 4 800 万华侨华人。报告指出，从华侨华人的祖籍看，广东籍占 54%，也就是说有接近 2 600 万。报告还指出，亚洲以外的华侨，广东籍人占绝大多数；若以方言划分，则使用闽南（泉州）、广府（广州）、潮州、客家四种方言的人，占海外华侨华人总数的 80% 左右。

（三）奉献母国

中国人受儒家传统文化几千年的熏陶，特别重视自己的血缘之根。古代迁往珠三角地区的珠玑移民，因为大多数人都是不得已才背井离乡，所以这份"将根留住"的意识就尤为突出。当他们走出国门在异乡打拼的时候，这种强烈的文化、身份认同意识更为突出。正是由于这种对家乡、对祖国的深深眷恋，广大华侨不仅对居住国的发展

作出了重大贡献，还以他们拳拳的赤子之心，对祖国的发展也作出了不可磨灭的贡献。广东五邑地区（江门市）是广府籍华侨的集中地，我们就以五邑华侨为例，谈谈华侨对祖国所作出的贡献。

清末，中国陷入了几乎要亡国灭种的巨大民族危机之中。1894 年，孙中山先生为了挽救祖国在檀香山组建了"兴中会"。"兴中会"成立时，只有 20 多名会员，其中五邑华侨占多数。为了推翻满清政权，孙中山组织了多次武装起义，所需经费全靠华侨支持，五邑华侨贡献甚巨。比如，新会华侨李纪堂、开平华侨邓荫南为支持革命几乎倾家荡产。为了筹备 1911年广州起义的经费，在开平侨领司徒美堂的提议下，加拿大致公堂将多伦多、温哥

开平侨领司徒美堂

华和维多利亚三所党部大楼典押出去。除了捐钱，许多五邑华侨还直接参加了起义。广州黄花岗七十二烈士，就有多位是五邑华侨。

抗日战争时期，海外华侨的爱国主义热情空前高涨。他们捐款捐物，组织各种救国团体，为了祖国的命运而积极努力。早在 1931 年"九一八"事变和 1932 年"一·二八"淞沪战役中，华侨就纷纷捐款支援东北义勇军和抗日联军，支持蔡廷锴将军领导的十九路军。1937年"七七事变"后，中国进入全面抗战阶段，华侨的爱国热情更为高涨。仅 1937—1945 年，美国华侨捐款达 5 600 万美元以上，加拿大华侨 500 万美元以上，全美洲华侨达 69 156 115 美元。美国致公堂领袖、台山人阮本万本人捐了 30.5 万美元，募捐 3 500 万美元，侨领、台山人邝炳舜本人捐款 10 万美元，募捐 500 万美元。新西兰华侨抗日捐款达 3 209 020 磅，澳大利亚仅 1941 年 1—9 月，寄回的捐款就达 1 911 766.37 元。当时国民政府共发行 6 期救国公债，总额达 30 亿元，海外华侨认购了 11.1 亿元，其中新会旅美华侨认购救国公债和航空公债即达 3 630 万美元。新会华侨郑潮炯，从 1937—1942 年，一边义卖瓜子，一边发动华侨捐款，共得 18 万元，全部交给"南侨救总"。此外，广大华侨还捐献了许多物品（包括飞机、汽车、药品、医疗器械、衣服、粮食等），仅抗战头 3 年，美洲华侨捐物折款达国币 250 万元。抗战初期纽约华侨就捐献了 100 部汽车。在印尼，司徒赞等从

155

1937 年 7 月至 1942 年 12 月，就捐了 5 000 万港元，购买物资寄往贵阳。为了抗日，许多热血青年回国参军，仅日本就有 8 000 人，缅甸160 人，其中不少是五邑子弟。台山人林基路烈士就是代表人物之一。

美国五邑华侨青年参加空军的人数甚多。其中包括黄新瑞在内的 9 名台山籍的飞行员就击落日机 22 架，另与僚机合作击落 8架。在抗日战争后期，陈纳德将军组建"飞虎队"，其航空地勤人员、飞行员有很多五邑美国华侨青年。1996 年 4 月，南

台山烈士林基路

京紫金山中山陵园内建立了一座抗日航空纪念碑，上面刻着 881 位抗日烈士的英名，其中有 23 名是五邑华侨子弟。此外，为了突破日军的封锁、开辟中缅之间的陆路运输线，"南侨总会"组织 2 000 多名华侨青年司机参加运输战争物资，其中也有不少五邑华侨青年。

在建设祖国和建设家乡中，华侨也作出了巨大的贡献。首先是侨汇，也就是汇款回国。据专家统计，从 1864—1949 年的 85 年间，全国侨汇总额达 35.1 亿美元，平均每年 4 200 万美元，五邑地区约占20%。其中台山 1930 年达 3 000 万美元，1937 年达 1.8 亿美元。新中国成立之后，侨汇收入仍然源源不断。改革开放以后，随着侨眷生活的不断改善，侨汇收入才有所下降。其次是回国、回乡投资，支持国家和侨乡的建设。这一点在改革开放以后表现得最为突出。1979—

开平碉楼

1998 年，江门五邑共有外资企业（"三资"企业和"三来一补"企业）15 322 家，实际利用外资 40.30 亿美元。其中"三资"企业 3 850 家，实际利用外资 38.48 亿美元。而港商"三资"企业就有 3 050 家，实际利用外资 28.03 亿美元；澳门商投资"三资"企业 354 个，实际利用外资 2.48 亿美元。再次是捐资兴办公益事业。这是华侨和港澳同胞的优良传统，对家乡帮助很大，其中以捐资办教育最为突出。台山从 1912—1945 年，华侨捐建的中小学校就有 78 所之多。新中国成立后，尤其是改革开放以后，捐资兴办公益事业掀起新高潮，从 1979—1998 年，五邑港澳同胞和华侨捐资总额达 42.23 亿港元。兴建学校 2 117 间（278 万平方米），医院 297 间（68 万平方米），敬老院 324 间（14.58 万平方米），影剧院、图书馆、文化室 177 间（17.61 万平方米），桥梁 825 座，道路 3 549 公里，自来水工程 778 项。接受捐资最多的是五邑大学，近 2 亿港元。捐资最多的港澳同胞是利国伟、陈经纶、谭兆、伍舜德、黄克兢、黄祖棠、黄球等。捐资最多的华侨华人有李盘石、黎耀华、谢文启、伍求登等。由于海外华侨和港澳同胞对家乡建设作出了巨大的贡献，为了表彰他们，江门市共授了五批近 500 人为江门市荣誉市民。（南方网：《爱国爱乡是五邑华侨的光荣传统》）

　　无论是珠玑巷居民在长达数千年时间内的持续南迁，还是他们在珠三角地区的艰苦垦殖，以及他们远渡重洋的悲壮历史，无一不是中华民族为了求生存、求发展而勇敢奋斗的具体表现。在这一曲曲的历史壮歌中，他们凭着自己百折不挠的坚韧意志、吃苦耐劳的优秀品格、团结奋斗的民族传统，为中华民族的历史抒写了浓墨重彩的一笔，值得我们永远纪念和学习。

江门五邑华侨华人博物馆

参考文献

1. 司马迁. 史记. 北京：中华书局，1959

2. 张岂之. 中国历史（1～6卷）. 北京：高等教育出版社，2001

3. 南雄县政协文史资料研究委员会，南雄珠玑巷人南迁后裔联谊会筹委会. 南雄珠玑巷南迁氏族谱、志选集. 南雄：南雄文史资料，第15辑

4. 南雄珠玑巷人南迁后裔联谊会筹委会. 南雄珠玑巷人南迁史话. 广州：中山大学出版社，1991

5. 曾祥委，曾汉祥. 南雄珠玑移民的历史与文化. 广州：暨南大学出版社，1995

6. 黄伟宗，周惠红. "后珠玑巷"良溪. 香港：中国评论学术出版社，2008

7. 石坚平. 良溪古村与珠玑移民. 北京：华侨出版社，2011

8. 司徒尚纪. 岭南历史人文地理. 广州：中山大学出版社，2001

9. 葛剑雄. 中国人口发展史. 福州：福建人民出版社，1991

后　记

2010年11月底，我刚带领学生从乐昌实习回来不久，突然接到了我的学长兼老友、现任暨南大学出版社总编辑史小军先生的电话，说暨大出版社要出一套有关广府文化的丛书，其中有一本名为《珠玑南迁》，我在韶关学院工作，情况熟，可不可以承担？我一听这是极好的事，虽然时间很紧，但还是高兴地答应了。

珠玑巷现在是韶关的旅游热点，许多珠三角人和海外华人都到这里来寻根，不少学者在研究珠玑文化，"南雄珠玑巷人南迁后裔联谊会"还办有网站，珠玑巷的名声已经越来越大。我曾经在十五六年前跟着前韶关大学的一些老教授们做过一点有关珠玑巷的调研工作，前几年又承担了广东省港澳事务办公室一个名叫《香港珠玑后裔宗亲会研究》的调研课题，加之在研究江门侨乡文化上作出了卓越贡献的五邑大学张国雄教授的热情鼓励，所以这几年比较留心有关珠玑文化的事情，积累了一些资料，虽然谈不上专家，也算是比较了解。这是我敢于斗胆答应史总编的原因。

按要求，书稿要用80幅左右的图片。因为一开始的图并不如意，所以书稿二校的时候，我打算换掉其中的大多数图片。我的妻子秋华和我带着相机，一起跑了珠玑巷、九龄墓、马坝人遗址等多个地方，照了许多相片，然后再选出比较合适的。这些琐屑的工作我一贯干不来，所以差不多都是她一个人在做，我从心里感谢她的支持和帮助。

书中的地图，基本上是仲伟同学帮我制作的，也用了他差不

159

多一个星期的时间。他是毕业生，事情多，还要经常跑到我这里来帮忙，我也很感谢他。

还要感谢暨南大学出版社的潘雅琴老师和崔军亚老师，她们的热情、认真和敬业给我留下了难以磨灭的印象。

谨此为记。

仲红卫

2011 年 6 月 26 日

岭南文化书系

珠玑南迁